初中化学自主探究

仝瑞灿 著

哈尔滨出版社
HARBIN PUBLISHING HOUSE

图书在版编目（CIP）数据

初中化学自主探究 / 仝瑞灿著. — 哈尔滨：哈尔滨出版社，2023.7

ISBN 978-7-5484-7421-0

Ⅰ.①初⋯ Ⅱ.①仝⋯ Ⅲ.①中学化学课－教学研究－初中 Ⅳ.①G633.82

中国国家版本馆 CIP 数据核字(2023)第 134350 号

书　　名：初中化学自主探究
CHUZHONG HUAXUE ZIZHU TANJIU

作　　者：仝瑞灿　著
责任编辑：杨滆新
封面设计：瑞天书刊

出版发行：哈尔滨出版社（Harbin Publishing House）
社　　址：哈尔滨市香坊区泰山路82-9号　　邮编：150090
经　　销：全国新华书店
印　　刷：廊坊市海涛印刷有限公司
网　　址：www.hrbcbs.com
E-mail：hrbcbs@yeah.net
编辑版权热线：（0451）87900271　87900272

开　　本：787mm×1092mm　1/16　印张：12.25　字数：185千字
版　　次：2023年7月第1版
印　　次：2024年1月第1次印刷
书　　号：ISBN 978-7-5484-7421-0
定　　价：68.00元

凡购本社图书发现印装错误，请与本社印制部联系调换。
服务热线：（0451）87900279

前　言

在信息时代的背景下，知识的爆炸和科技的迅速发展是时代的发展特征。随之而来的是对人才能力和素质的更高要求。在实际情况中，新时期的人才应具备创新精神、学习能力和实践能力。为了培养创新型人才，应在教学实践中更加重视学生学习的自主性和探究性。

化学是一门贴近日常生活的课程，涉及到人们日常接触的许多物质。掌握化学知识有助于正确认识物质，为生产和生活服务。然而，在初中化学教学中，许多教师过于强调考试，让学生死记硬背公式和反应，忽视了学生的学习自主性和探究性，使得本应有趣的化学实验课变成了枯燥的记忆课程。

为此，本文将就初中化学教学中学生自主探究能力的培养问题，从中学生化学学科学习能力、初中化学教学常用教学模式、初中化学自主探究概述、初中生学习特点以及初中化学实施自主探究面临的问题和策略入手，在理论阐述的基础上，结合教学案例对初中化学自主探究进行深入研究和分析。

虽然笔者在写作时投入大量精力，但依然还会存在很多不足，希望各位读者能够批评指正，笔者也定会在未来的教育工作中继续钻研，不断修正自身的教学行为。

目 录

第一章 初中化学学科的学习能力 ... 1
- 第一节 初中化学学科的特殊能力 ... 1
- 第二节 初中化学学科的一般能力 ... 12

第二章 初中化学教学中常用的教学模式 ... 28
- 第一节 程序教学模式 ... 28
- 第二节 发现教学模式 ... 34
- 第三节 掌握教学模式 ... 40
- 第四节 范例教学模式 ... 44
- 第五节 问题解决教学模式 ... 49
- 第六节 概念转变教学模式 ... 57

第三章 初中化学自主探究研究概述 ... 65
- 第一节 研究背景 ... 65
- 第二节 自主探究的含义及特征分析 ... 69
- 第三节 自主探究的目的及意义 ... 74
- 第四节 自主探究的理论基础 ... 77

第四章 初中学生的学习特点 ... 82
- 第一节 初中学生的学习动机 ... 83
- 第二节 初中学生的学习策略 ... 86
- 第三节 初中学生的自我监控 ... 91
- 第四节 初中学生的学习迁移 ... 94

第五章 初中化学实施自主探究面临的问题 ... 98
- 第一节 从教师角度分析面临的问题 ... 99
- 第二节 从学生角度分析面临的问题 ... 103
- 第三节 从环境角度分析面临的问题 ... 105

第六章 初中化学实施自主探究的策略 ... 109
- 第一节 培养初中学生自主探究能力 ... 110

第二节　构建化学自主探究教学模式 115
　　第三节　完善化学自主探究教学环境 119
　　第四节　优化初中化学课后探究活动 124

第七章　自主探究教学案例设计 129
　　第一节　"空气"教学设计 130
　　第二节　"自然界中的水"教学设计 138
　　第三节　"质量守恒定律"教学设计 140
　　第四节　"金属的化学性质"教学设计 148
　　第五节　"清洁的燃料——氢气"教学设计 158
　　第六节　"金属资源的利用和保护"教学设计 165
　　第七节　"化学实验与气体压强"教学设计 174
　　第八节　胃药中的化学 180

参考文献 186

第一章　初中化学学科的学习能力

化学学习能力是指在学习化学过程中形成和发展的，直接影响化学学习效率的个性心理特征。这些特征包括学科一般能力和特殊能力，共同影响化学学习的顺利完成。

第一节　初中化学学科的特殊能力

化学学科特殊能力是在一般学习能力的基础上发展起来的，在化学学习活动内容和特殊性的制约下，某些学习能力分化、高度发展和综合重组而形成的不同于一般的特殊性能力。狭义的化学学习能力主要包括：接受、吸收、整合化学信息的能力、化学问题解决能力、化学实验能力、化学抽象思维能力和化学微观想象能力。这些能力在化学学习活动中具有重要意义，能帮助学生理解化学概念和解决化学问题，同时也有利于培养学生的创新思维和实践能力。

一、接受、吸收、整合化学信息的能力

接受、吸收、整合化学信息的能力包括提取、分析、整合和运用化学信息的能力。具体表现为：①能够正确复述、再现和辨认中学化学基础知识；②通过对实际事物、实验现象、实物、模型、图形、图表的观察，以及对自然界、社会、生产、生活中的化学现象的观察，获取感性知识和印象，并进行初步加工、吸收和有序存储；③能够准确提取试题提供的新信息，与已有

知识块整合，重组为新知识块。

中学化学的知识比较分散，逻辑性和系统性也较弱。为了加强学生的化学学习效果，老师需要帮助学生有效地归纳、整理、有序存储中学化学基础知识，并建立知识网络，以达到相互联系、融会贯通的效果。通过这种整合和整理，学生不仅可以更好地理解各个化学概念的本质，还能够实现从正确复述到再现、辨认乃至合理应用的认知转化。此外，学生还应充分认识所观察到的信息和现象与化学基本原理和思想的关联，并依据其特点进行合理的演绎和应用。这样，学生将能够更加深入地理解化学的本质和规律，提高化学学习的效率和质量。

具体策略。教师应培养学生从自然界、社会、生产、生活中的化学现象中，准确提取实质性内容，并用化学科学视角进行分析和研究的能力。一个化学问题所提供的信息往往是多方面的，其中有些信息可能是已经收录在化学知识中的内容，有些信息可能是化学学科的新进展，还有一些信息可能是人类在生活、生产和科学发展过程中遇到的新问题。学生需要迅速熟悉试题中的新情境，接受新信息，并通过甄别和提取工作，将新信息与已有的中学化学知识进行必要的联想、吸收、整合，以形成新的知识网络体系。面对试题中出现的各种陌生信息，学生需要阅读、审题并迅速理解新情境，接受新信息。学生应该结合中学化学相关知识模块，对试题中的新信息进行必要的迁移、融合、重组等思维加工，以形成新的知识网络体系，并找到解决问题的突破口。

案例：电解水实验确定水的组成

甲、乙、丙三位同学对电解水后液体的酸碱性进行探究（图1-1）。

图1-1 电解水后液体酸碱性研究实验

提出问题：电解水后的液体一定呈中性吗？

查阅资料：图 I 所示装置可用于电解水实验；硫酸钠可增强水的导电性，硫酸钠溶液呈中性。

实验与讨论：（1）三位同学进行了电解实验，分别向 U 形管中加入了含有酚酞的硫酸钠溶液并接通直流电。实验中，试管①电极附近的溶液迅速变红，而试管②电极附近的溶液仍为无色。乙同学使用 pH 试纸测定了管②电极附近的溶液，结果显示其 pH 值小于 7。说明试管①电极附近的溶液呈____性，试管②附近的溶液呈____（选填"酸""碱"或"中"）性。

（2）甲同学将实验后 U 形管的溶液倒入烧杯中，红色消失。乙同学、丙同学也将实验后的溶液按图III所示倒入烧杯中，红色未完全消失。经讨论与分析，乙、丙同学实验现象的原因可能是酸_____。

（3）甲、乙、丙同学分别用蒸馏水洗涤 U 形管、碳棒等，再将洗涤液倒入自己实验的烧杯中，观察现象：

甲同学的溶液仍为无色。

乙同学的溶液中红色仍未消失。

丙同学的溶液中红色_____。

（4）甲、乙、丙同学分析了实验现象，为确证溶液的酸碱性，又进行下列实验：甲同学用_____来测定溶液，原因是_____。乙同学向溶液中滴加_____，使溶液中红色刚好褪去。造成（3）中溶液的红色仍不消失的原因是_____。

解释与结论：用硫酸钠增强水的导电性时，电解后溶液混合均匀，呈中性。

交流与反思：甲同学取 55 g 质量分数为 2%的硫酸钠溶液进行电解，消耗了 5 g 水后，则电解后硫酸钠溶液的质量分数为_____。

甲同学的老师上课时用 NaOH 增强水的导电性，电解后溶液的碱性_____。

乙同学的老师上课时用 HSO 增强水的导电性，电解后溶液的酸性_____。

解析：这是一道考验学生综合能力的信息题。学生需要具备阅读理解能力，通过题目中提供的信息与已有知识相联系，如通过 pH 和酸碱指示剂来判

3

断溶液的酸碱性。此外，学生还需要对于头脑中的信息与给定的信息进行整合和提取，比如辨析酸碱性和酸碱度概念。题目还设计了化学反应中量的控制来改变反应结束后溶液的酸碱性，从而提高学生的思维能力。最后，学生需要利用整合后的知识来解答计算题，实现由定性到定量的思维提升。对于最后一道题的计算，如果学生不能理解电解水过程中硫酸钠的质量不变，只有水发生了化学变化使质量减少，就无法理解题目中的信息，即"用硫酸钠增强水的导电性时，电解后溶液混合均匀，呈中性"，也就无法得出正确的结论。此外，许多初中学生在化学计算中遇到的困难不仅来自于化学学科本身的难度，还包括数学方面的难度，例如小数运算和单位换算等。因此，学生需要具备良好的数学基础，掌握常用的数学计算方法，并且能够将数学知识应用于化学计算中。

二、化学问题解决能力

为了提高学生的化学问题解决能力，教师应该营造多样的实际情境，鼓励学生自主探索，培养学生提出高质量问题的能力，同时激发学生的多向思维意识，提高其问题解决的意愿和能力。从心理学角度来看，化学问题解决能力包括理解问题的能力、恰当表述问题的能力、搜集必要信息的能力、制定策略和计划的能力、运用算子的操作能力以及自我监控和调整等元认知能力。

（一）化学问题解决能力的构成要素

问题解决是一个有结构的活动，同样，解决化学问题的能力也有其特定的结构。从组成要素来看，解决化学问题的能力主要包含以下方面。

1.问题的理解能力：指能够从多个角度理解问题，了解问题的假设和前提，从中获得解决问题所需的信息，发现与现实矛盾的地方，确定问题的应答范围，并能够用多种方式准确地表达问题。

2.搜集必要信息的能力：搜集必要信息的能力是解决化学问题的关键要素之一。解决问题者需要从不同来源中获取必要的信息，同时剔除无关信息，避免干扰。解决化学问题所需的信息来源包括：问题本身提供的信息、已有的知识储备、化学文献中记录的信息以及实验观测获取的信息。为了从这些信息中提取所需的内容，解决问题者需要具备编码记忆、检索文献和化学实验观测等能力。在搜集信息的过程中，问题解决者需要注意信息的可靠性和准确性，同时要避免信息的偏差和误解。只有具备良好的搜集信息能力，才能为后续问题解决提供充分的支持。

3.恰当地表征问题的能力：指对问题中的有关信息进行加工、编码的能力。这一能力的基础是信息加工能力，其中言语表述是最常见的表征方式。但是，有时一种言语表述方式不能充分地给出所有的信息，这时需要使用其他言语表述方式或者用图像、图解等视觉形象来表征问题。此外，想象实际情景也是形成正确问题表征和解决难题的重要手段。因此，恰当地表征问题的能力不仅需要具备信息加工能力，还需要具备创新性和多样化的表征方式，以达到更好地理解和解决问题的目的。

4.制定策略和计划的能力：指在解决问题之前，根据问题表征抓住问题的实质性内容，将问题抽象成较为简单的结构形式，进而策划解决问题的基本步骤。制定解决问题的策略是计划过程中最重要的核心内容，高级的策略水平能够有效地缩小搜索空间，避免无效的盲目尝试。

5.有关算子的操作能力：涉及内部心智操作和外部动作操作两方面，建立在对算子知识和操作技能的基础之上。

6.自我监控、调整等元认知能力：指的是在问题解决过程中，能够对自己的思考和行动进行自我评价、自我调整，以实现更好的问题解决效果。具体表现为能够使用策略和科学方法进行问题解决，并及时收集和利用反馈信息，根据当前状态与目标状态的差距评估所用策略和算子的有效性和适宜性，并在此基础上做出继续执行、调整或更换的决定，以不断积累新的知识和经验。

7.创造性思维能力：创造性思维能力涉及多维度编码和多向思维，能突破已有的问题解决模式的局限。它可以帮助人们制定新颖的、高水平的聚焦策略，以快捷、巧妙的方式解决化学问题。

（二）化学问题解决能力的培养应达到的目标

1.目标一：能够将实际问题分解，运用相关知识，采用分析、综合的方法，解决简单化学问题。

案例：最近有科学家建议采用"碳捕集技术"来降低工业生产中的二氧化碳排放量。"碳捕集技术"是指采用特定方法将工业生产中的 CO_2 分离出来进行储存和再利用。常利用足量的 NaOH 溶液来"捕捉" CO_2 过程如图 1-2 所示（部分条件及物质未标出）。

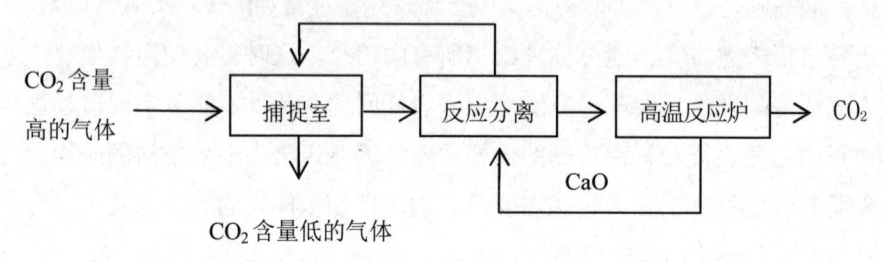

图 1-2　NaOH"捕捉" CO_2 的过程

（1）捕捉室中发生反应的化学方程式为_____。

（2）把 CaO 放入反应分离室中与 H_2O 反应，该反应的化学方程式为____；利用此反应，氧化钙可用作食品_____剂。

（3）"反应分离"中，得到固体物质的基本操作是_____，该固体是碳酸钙。

（4）整个过程中，可以循环利用的物质有_____。

解析：这道案例题看起来十分复杂，让不少同学望而却步。但是，我们可以通过分步骤解答来简化它，首先回答一些常见的问题，例如氧化钙用作食品干燥剂等等。然后，我们可以思考二氧化碳含量的降低是由于被吸收，因此在捕捉室中应该含有氢氧化钠。进一步推理，反应分离室中应该出现碳酸钠，然后再向前推，根据高温反应炉中生成的氧化钙和二氧化碳，我们可以得出反应产生了碳酸钙。接着，我们可以推断出氧化钙又回到反应分离中，并且碳酸钠和氢氧化钙在反应分离中发生反应，所以反应分离中的产物应该是碳酸钙和氢氧化钠。最后，我们可以得出此题的答案是氧化钙和水反应生成氢氧化钙。这道题考察了学生将综合问题拆分为简单问题并解决的能力。

2.目标二：能够将分析解决问题的过程和成果，用正确的化学术语及文字、图表、模型、图形等表达，并做出解释。

案例：ClO_2是新一代饮用水的消毒剂，我国成功研制出制取ClO_2的新方法，其反应的微观过程如图1-3所示。

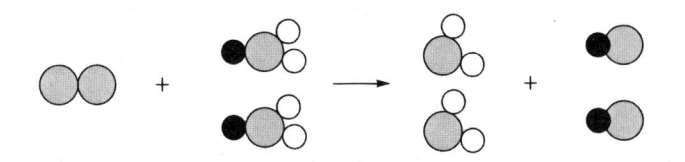

图1-3 制取ClO_2的微观过程

（其中◐表示氯原子，●表示钠原子，○表示氧原子）

根据反应的微观过程图写出反应的化学方程式：_____。

解析：此题考查学生利用化学用语理解微观示意图，解决化学问题的能力。学生可先理解每个球代表的意义，两个或多个球相连的含义以及相同形状但未相连的球表示的意义，然后再解决问题。例如，◐可以表示一个氯原子，而 ◐◐ 可以表示一个氯气分子，○或者一个氯气分子由两个氯原子组成；如果出现两个连接的氯气分子，就会显示为四个球连接在一起。只要能够真正理解微观示意图所表示的意义，学生就能正确回答这类题目。

三、化学实验能力

化学实验能力是指在化学知识和技能的基础上，顺利地完成化学实验活动的个性心理特征。它包括多个元素，例如发现和明确课题的能力，选用实验方法和设计方案的能力，使用仪器和实验操作的能力，收集实验事实和数据的能力，分析、研究和处理实验数据的能力，表述实验及其结果、最终解决问题的能力等。化学实验能力不仅涉及化学实验的智力操作，如化学实验设计和结果分析处理，还包括化学实验外部活动能力，例如实验前的实验准备、实验期间的实验操作技巧和实验安全措施的掌握，以及实验后的数据分析和总结。

案例：一组实验结果显示，氢氧化钠、氢氧化钙等可溶性碱能使酚酞溶液变红。受此启发，一组实验小组的四位同学想探究不溶性的氢氧化镁是否也具有这样的性质。他们将氢氧化镁加入热水中并向溶液中加入酚酞溶液，结果酚酞溶液变红，但一段时间后又恢复原色。根据他们所学的化学知识，这四位同学对酚酞溶液变红和消失的原因提出了如下假设。四位同学对于酚酞溶液变红和变无色的原因提出了不同的猜想。小明认为这可能是一个偶然现象，但这种观点缺乏理论支持。小东认为氢氧化镁的固体使酚酞溶液变红，但随着氢氧化镁沉淀，溶液变得无色。小花提出两种可能性，一是酚酞溶液与空气中的氧气反应，另一种是氢氧化镁溶液与空气中的二氧化碳反应。小红提出温度可能是导致酚酞溶液变红和变无色的原因，随着温度的升降，氢氧化镁的溶解度会发生变化，影响溶液中 OH^- 离子的浓度，从而影响酚酞溶液的颜色变化。

（1）对小明猜想"是个偶然现象"，四位同学都认为可以用科学探究的一般方法排除偶然现象。他们的方法是：_____。

（2）小花认为小东的猜想不正确，她从碱使酚酞溶液变色的原因上给予了否定：_____。

（3）四位同学讨论后认为要验证小花的猜想，还需做如下实验，你知道其实验的目的吗？

实验步骤	设计目的
将氢氧化镁加入到热水中搅拌，滴入酚酞溶液，并在上方滴一些植物油	

（4）对小红的猜想，实验小组的同学设计了多种实验方案进行证明。请你写出其中一种。

实验方法	可能观察到的现象	相应结果或结论

解析：本案例展示了化学实验设计的一般过程和方法，通过提出问题、做出假设、设计实验验证、得出结论与假设相呼应等步骤，阐述了实验设计的基本流程。同时，最后一小题从较高层次上考查了学生的实验设计能力和对基本知识的灵活运用情况，展现了学生的实验能力水平。

四、化学抽象思维能力

化学学科是一个多层次的知识系统，化学抽象思维能力是其中一个重要的组成部分，包括化学逻辑思维和辩证思维等方面。化学抽象思维能力需要对大量的化学事实进行加工，从而形成化学概念、判断、推理和想象等能力，帮助学生建立起本质性的化学理性认识。因此，在课堂教学中，可以通过设置开放性问题等方式来评价学生的化学抽象思维能力，从而帮助学生更好地掌握化学知识，提升化学学科能力。

案例：讨论实验室制备 CO_2 的实验方案时，学生们可以列举出所有可能产生二氧化碳的方案，并通过基本反应类型进行归纳整理，写出所有的化学反应。此外，他们可以讨论以下内容：①实验室制取气体的思路：选择原理、选择装置、检验气体等；②感悟与实践"确定制取二氧化碳的原理"过程，并弄懂不选择其他原材料的原因，如考虑安全性、反应的快慢、价格与经济性、环境影响等影响因素；③实践中体验改进装置的特点，以及所涉及的装置原理；④整理出用盐酸和石灰石固体制取二氧化碳的完整实验步骤；⑤复习第二单元氧气制取的相关知识，并与课本上二氧化碳制取进行比较；⑥归纳产生二氧化碳的反应，从反应物状态、反应条件、反应物获得难易、收集气体的难易、安全性、操作的难易等因素考虑；⑦从方便药品的添加角度、从控制反应的开始与停止角度，重新设计制取二氧化碳的装置。

解析：学生可以通过扮演的方式完成小组竞赛，来解决开放性问题。这种方式可以帮助学生将零散的化学方程式整合成体系，同时加深对方程式的理解。学生可以从方程式的毒性、易于分离性、条件是否易得（耗能量是否大）、反应速率是否易于控制等方面进行选择，从而得出制备气体的一般思路。

五、化学微观想象能力

化学微观想象能力是一种从化学形象思维能力中分化出来的特殊能力，是联系宏观世界和微观世界的桥梁。化学学科研究物质的微观组成，包括分子、原子、离子、质子、中子、电子等微观粒子的性质和相互作用以及它们的转化过程。这些微观过程构成了物质外观状态及化学反应的原因。然而，由于微观粒子不可见，学生难以通过感性的方式进行认识。因此，在化学教学中应注重培养学生的微观想象能力，使其能够理解微观世界与宏观世界之间的联系，从而更好地理解化学知识和现象。

（一）微观想象能力的培养应达到的目标

化学微观想象能力应能促使化学微观想象活动具有目的性和指向性、理解性和创造性、精确性和生动性、客观性和发展性。

目的性和指向性：目的性和指向性是化学微观想象能力的两个重要方面。①通过想象分子、原子等化学微观粒子的组成和结构方式，可以说明物质的某些性质。②通过想象化学微观粒子的运动状态，可以掌握微观粒子的运动特征和规律。③通过想象化学反应过程中微观粒子的变化和运动，可以解释、说明化学反应的现象和规律。

理解性和创造性：①以宏观感性认识为基础，并依据语言文字、符号、图形和模型示意等信息，进行微观想象表象的创造。②能够创造出与宏观形象不同的新的微观想象表象，有创造性。③不仅能再现别人的微观想象表象，而且能以适当的方式描述自己的微观想象表象，促进相互交流。

精确性和生动性：具体来说，微观想象应该形象丰富、逼真、生动、确定，既突出本质特点，又有重要的"细节"补充。此外，微观想象不仅仅是视觉方面的想象，还需要其他感觉想象的配合，甚至还需要内部机体感觉的想象来加强表达的生动性。

客观性和发展性：客观性指能够合适地反映化学微观粒子的真实情况；发展性指不断修正、丰富、发展对化学微观粒子的想象，使其越来越深入、细致、全面地反映化学微观粒子的真实情况。

（二）微观想象能力的培养策略

为了培养学生的微观想象能力，需要注重"三重表征"教学，即在宏观、微观和符号三种表征水平上进行认识和理解化学知识。通过建立三者之间的联系，促进学生想象能力的提高。同时，也需要创设生动活泼的学习情境，通过讨论合作促进想象能力的发展。为此，教师应当创造民主的课堂氛围，让学生在直观、真实而又富有启迪性的学习情境中进行充分的想象。此外，充分应用多媒体技术也是必要的，因为学生想象的微观化学世界是肉眼无法观察的，必须通过想象能力来描述。综上所述，通过三重表征教学、生动的学习情境和多媒体技术的应用，可以有效地提高学生的微观想象能力。

但由于学生的想象力发展水平和个体差异，许多学生很难理解化学中微观粒子的过程。现代技术可以用来辅助教学，以此更好地帮助学生理解化学概念。多媒体教学是一种新型教学模式，可以将传统的教学媒体与现代化的教学媒体结合起来，以展示生动的图像或动画。多媒体软件可以将微观的过程直观化，抽象的过程形象化，并将宏观现象与微观粒子运动联系起来。通过这些形式，学生的学习兴趣可以得到激发，同时也能加深对物质组成及其性质的辩证关系的认识。

案例：化学反应是由微观粒子之间的相互作用引起的，这些微观粒子包括分子、原子和离子等。当反应物的微观粒子在一定条件下相互作用时，它们的结构将发生改变，或者重新排列组合，这将导致宏观上生成新的物质。

反应1：在点燃的条件下，氢气在氧气中燃烧，发生有效相互作用的粒子是（写出粒子的符号）_____。

反应2：锌加入稀硫酸溶液中，发生有效相互作用而进行反应的化学方程式为_____；粒子的转化过程是_____。

反应3：氢氧化钠溶液与稀盐酸混合，发生有效的相互作用而促使反应发生的粒子是（写出粒子的符号）

解析：对于初中生来说，从微观角度理解反应实质一直是困难的。为了更好地让学生理解抽象知识，教师可以采用球棍模型来模拟反应粒子之间的相互转化，并通过图示方式展示。以氢氧化钠和盐酸反应为例，学生需要了解这些物质是由离子组成的，在水溶液中以离子的形式存在，而水分子则以分子形式存在。通过生动的图示模型或球棍模型，学生可以建立更直观的思维模式，更好地理解微观角度下反应的实质。

第二节 初中化学学科的一般能力

化学学科是一门涵盖广泛的学科，而掌握化学一般能力则是成功学习化学的关键。化学一般能力包括观察能力、思维能力、记忆能力、自学能力和创造能力。这些能力相互关联，共同构成了一个特殊的能力体系。化学学科的学习需要表征和解决化学问题的能力、化学想象能力、化学记忆能力、化学语言表达能力和化学操作能力。

一、观察能力

观察能力是指有计划、有选择地进行化学知觉活动的能力，旨在获得关于物质和化学变化的感性认识。它不同于一般的视知觉、听知觉或触知觉，也不同于空间知觉、时间知觉或运动知觉。化学知觉包括对物质的物理性质和化学性质、物理变化和化学变化，以及对化学实验仪器装置、操作方法、现象和实质的知觉。此外，化学知觉还包括对化学模型和图像的知觉内容。观察能力是化学学科能力体系中的一部分，它是学生在学习化学时必备的能力之一，也是进行化学实验和研究的基础能力。

（一）观察能力的构成要素

观察能力由三大要素构成：①注意。注意是指心理活动对一定对象的集中和指向，具有选择性和抑制性的特点。它是感知、记忆、思维、想象等心理过程的共同表现。具体来说，注意有两个基本特征：一是指向性，即选择性地关注某些刺激并忽略其他刺激；二是集中性，即在被选择的对象上投入强度和紧张度，抑制干扰刺激的影响。注意力对于化学观察非常重要，只有学生关注并选择性地观察目标，才能获取有效信息，从而更好地理解化学现象。②感觉记忆。感觉记忆是指外部刺激作用于感觉器官，产生感觉像后，虽然刺激的作用停止，但感觉像仍可短暂维持的一种心理现象。在化学观察中，大部分使用的是图像记忆，即对看到的图片或实验现象的记忆。此外，还有一部分声像记忆，例如某些实验现象伴随着声响。③对感觉信息的理解是指对外界刺激产生的感觉信息进行加工处理，从而理解这些感觉信息所传递的化学意义。这个过程可以分为以下几个步骤：首先对感觉信息进行分析、综合，并按照化学方式编码和组织，提取特征；接着由提取的特征形成和提出具有化学意义的假设；然后将这些假设与已存储在脑中的化学信息模式进行比较；最后进行判断、推理、验证和确定感觉信息的化学意义。

（二）观察能力的特点

良好的化学观察能力应具有目的性、计划性、选择性、理解性、整体性和客观性品质。

1.目的性与计划性

化学实验的观察活动可以从多个方面展开。在观察物质时，应掌握物质的物理性质和化学性质的观察顺序和提纲，注意化学试剂的规格、数量和保存方式等。在观察实验装置时，应按照实验过程和反应进行的顺序有序地观察，并注意观察顺序和提纲，从核心部位向外围逐步扩展或从主要部分向次要部分扩展等方式进行观察。在观察实验操作时，应注意操作步骤和规范，并与有关的原理联系。在观察化学反应时，应掌握由反应物到反应过程再到生成物的顺序，并注意化学反应现象的观察提纲。同时，应有目的、有计划地收集判断化学反应发生及特征的信息依据。在观察化学图表和模型时，应有目的、有计划地感知化学图表和模型所表达和蕴含的化学信息，注意观察顺序和提纲。综上所述，化学实验的观察活动涵盖了对物质、实验装置、实验操作、化学反应、化学图表和模型等多个方面的观察，需要有目的、有计划地进行，并掌握相应的观察顺序和提纲，以收集化学实验的相关信息并进行判断、推理和确定化学实验的结果。

2.选择性

在观察化学实验时，需要根据具体情况对观察提纲中的项目进行取舍，确立观察的重点项目；对于实验装置，需要准确地确定核心部分或重要部分并进行优先观察；观察实验操作时，应着重关注关键性、重要性和不易观察的操作；观察化学反应现象时，需要确定观察的重点并做出适当调整；在观察化学图表和模型时，应注意反映事物本质的部分，不受无关部分的干扰。

3.理解性

积极开展思维活动，可以通过分析和综合对观察对象的本质特点进行提取。对于观察对象的类型、属性、特点、意义、因果联系等方面进行适当的判断，从而形成带有理性成分的感性认识。例如，可以通过观察物质的变化情况来判断是否发生了化学反应。此外，还可以运用已有的化学知识和经验，对观察到的信息进行初步解释，从而使之"同化"。

4.整体性

能综合运用各种感官和适当的工具进行观察，力求全面且不漏重点，获取整体印象。在观察对象的各个部分时，注意将其与整体联系起来，以整体观点为指导，重点观察主要部分，并不放弃次要部分的观察。同时，能够将定性观察和定量观察相结合，空间观察和时间观察相结合，静态观察和动态观察相结合，重点观察和全面观察相结合，以及相同点和相异点观察相结合，使观察全面、准确、有价值。

5.客观性

观察时需客观、准确、系统、全面、细致，运用丰富的化学知识经验武装头脑，进行思维活动，正确加工感知信息，使结果符合实际情况。观察结果的描述要与初步解释相结合，既不毫无分析地罗列感觉内容，也不过于概括或主观推测，而是客观描述观察结果；此外，要如实记录和反映观察结果，避免遗漏或失真。

（三）培养观察能力的策略

初中化学学习中，观察能力的培养主要通过观察化学实验。在引导学生观察实验时，需要明确观察的目的，帮助学生抓住重点，全神贯注、一丝不苟地观察，同时鼓励学生在观察的同时加以思考。

案例：一化学小组比较了 $FeCl_3$ 和 $CuSO_4$ 两种盐对 H_2O_2 分解的催化效果。他们将成员分为两组，设计了如图1-4a、图1-4b所示的实验。在等浓度的盐溶液中，通过观察气泡大小来比较催化效果。（设两种盐溶液的浓度等条件

相同）

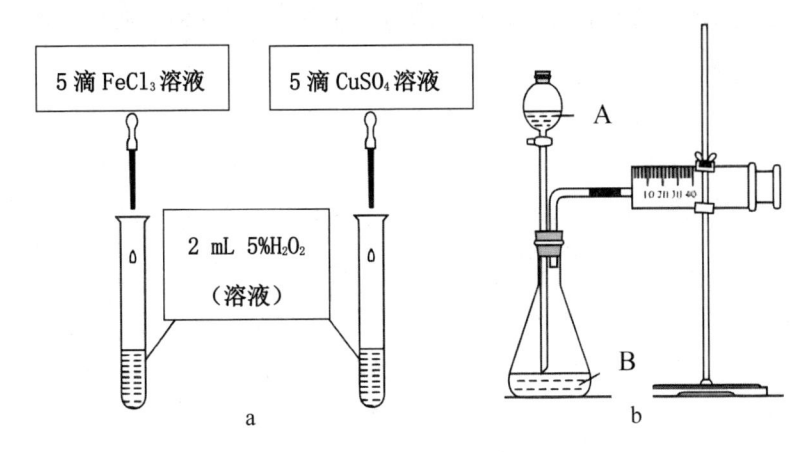

图 1-4　FeCl₃ 和 CuSO₄ 对 H₂O₂ 分解的催化效果

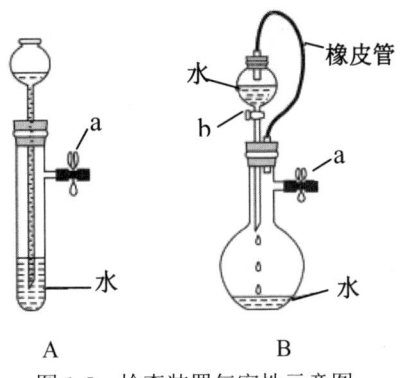

1.指出仪器名称：A_____，B_____。

2.写出该反应的化学方程式：_____。

3.图 1-4a 可通过观察_____来定性比较得出结论。有同学提出将药品 CuSO₄ 改为 CuCl₂ 更为合理，其理由是_____，你认为还可以做何改进？_____。

4.检查图 1-4b 装置气密性的方法是：_____（填"打开"或"关闭"）仪器 A 的活塞，将注射器活塞拉出一定距离，一段时间后松开活塞，观察到活塞又回到了原位，则说明装置气密性_____（填"良好"或"不好"）。该组同学利用图 1-4b 所示实验需测量的数据是_____。

图 1-5　检查装置气密性示意图

5.根据上图及描述，回答下列问题：

（1）关闭图 1-5 中 A 装置中的弹簧夹 a 后，从长颈漏斗向试管口注入一定量的水，静置后如图所示。

试判断：A 装置是否漏气？_____（填"漏气""不漏气"或"无法确定"）。判断理由：_____。

（2）关闭图 1-5 中 B 装置中的弹簧夹 a 后，开启分液漏斗的活塞 b，水不断往下滴，直至全部流入烧瓶。试判断：B 装置是否漏气？_____（填"漏气""不漏气"或"无法确定"）。判断理由：_____。

解析：这道题是一道综合性的实验探究题，前几个问题可以通过一般观察得出结论，而第 5 小题需要学生有目的地观察和思考，考查他们通过观察实验装置进行合理推理和解决问题的能力。

二、思维能力

思维能力是人类通过言语表达对客观现实的概括反映，揭示事物内部规律的认识过程。它包括概念的形成和掌握、判断与推理、发散思维和辐合思维等多方面能力。

（一）思维能力的构成要素

化学思维是化学学科中的重要组成部分，它主要包括化学抽象思维、化学形象思维和化学灵感思维三种类型。这三种思维形式互相作用，共同推动了化学学习的发展。在个体的化学学习活动中，化学思维能力主要有化学抽象思维能力和化学形象思维能力两种类型，它们既有共性，又带有较强的化学学科特点。

1.化学抽象思维能力，是指用逻辑和辩证逻辑方法对化学事物进行分析、综合、抽象、概括、比较、分类、判断、推理等思维加工的能力。这种思维能力可以进一步分为化学普通思维能力和化学辩证思维能力两类。化学普通思维能力指形成化学概念、进行化学判断和推理等方面的能力。这种思维能力又可分为分析综合能力、抽象概括能力、比较能力、分类能力、归纳推理能力和演绎推理能力。化学辩证思维能力则是反映化学现象或化学概念的矛盾、联系、转化、运动和发展的能力。

2.化学形象思维能力是指在对化学事物的表象进行形象分析和综合的基础上，建立反映同类化学事物形象一般特征的意象，运用意象进行联想和想象，形成对化学事物的形象认识，并用于指导化学实践的能力。化学形象思维能力中最重要的是化学想象能力。

（二）化学思维能力的特点

抽象思维能力存在着个别差异，它表现为思维品质不同。化学抽象思维品质主要表现在逻辑性、独创性、灵活性、敏捷性、深刻性、广阔性等方面。

1.逻辑性

科学思维能力包括多个方面，如概念的形成、定义、划分能力；概念间区分和应用能力；恰当的判断能力，包括真实内容、正确形式、避免逻辑错误；严密的推理能力，保证前提真实和正确，并遵守推理规则；合理的论证能力，包括正确、鲜明的观点、充分的论据和合理的论证过程；清晰、连贯、流畅的问题解决思路，合理的步骤和可靠的结果，避免逻辑错误等。这些能力在科学实践中至关重要，是科学家和科学工作者必不可少的能力之一。

2.独创性

思维具有客观性和自觉性，能够以实际为基础，依据客观标准来判断是非，不盲从轻信，能够正确评判是非和正误，同时具备自我评价和自我监控的能力。思维也具有独立性，擅长独立思考和解决问题，不满足于现成的答案和方法。此外，思维还具备发散性、新颖性和创造性，能够探索、构思、采用前所未有的方案来进行思维活动，揭示化学事物的本质特征和内在联系。

3.灵活性

思维能力的另一个方面是多样性，包括从不同角度、不同方面、不同方向思考问题，并使用多种方法来说明和解决问题。这种能力使得人们不会局限于单一的思维模式，而是能够根据实际情况和条件灵活调整思维过程和方法，提出创新的解决方案。此外，多样性还包括能够举一反三、融会贯通地应用已学的知识和技能，以推动自己的思维能力不断提升。

4.敏捷性

具备快速识别问题的能力，抓住问题本质和相关条件特征；能够流畅展开思维活动，准确判断和得出结论来解决问题；同时具有一定的直觉思维能力，但不轻率行事；这些都是科学思维的重要方面。

5.深刻性（又称深度）

化学学科需要运用多种逻辑方法来得出反映化学事物本质的知识经验。具体而言，学生需要善于运用分析、综合、抽象、概括、判断、推理等方法，能够分清主次、抓住核心，并且用辩证观点认识物质及其变化。此外，学生还需要注意用物质的组成、结构来解释物质的性质和变化，用物质的性质来解释它的用途。同时，学生应该从微观角度来解释宏观的化学现象，探索其本质。此外，学生还应该善于从"司空见惯"的、普通的、简单的化学事物中发现问题，揭示关于化学事物的重要规律。

6.广阔性（又称广度）

通过全面了解物质的组成、结构、性质、变化、存在、制法和鉴定等方面，理解物质的本质特性，建立知识之间的内在联系。同时将宏观与微观结合、定性与定量结合、静态与动态结合、纵向与横向结合、空间与时间结合、通性与特殊性结合、现象与本质结合，从不同的角度、不同的侧面展开思维。能够通过纵横拓宽、类比、迁移的方式，拓展思路，进行多方位的思考。

（三）化学抽象思维能力培养策略

为了提高学生的抽象思维能力，教学应该注重学生的系统学习，掌握基本的逻辑方法，包括分析、综合、抽象、概括、比较、分类、判断、推理、假设、证明等方法。同时，学生还应该了解和掌握有关思维模式、规范和规律，以帮助他们更好地解决化学问题或研究化学事物。在学习化学时，学生需要注意教材或教师解决化学问题或研究化学事物的思路和方法，逐步形成解决化学问题或研究化学事物的规律性知识。此外，学生还应该将求同思维活动与求异思维活动相结合、正向思维活动与逆向思维活动相结合、抽象思维活动与形象思维活动相结合、常规思维活动与创造性思维活动相结合。通过思路、方法以及有关知识的总结、比较、联系、系统化和拓宽、加深、发展，提高学生的思维水平。同时，培养学生对化学问题的兴趣、求知欲和习惯，建立可靠的化学知识经验基础，善于收集、积累丰富的感性认识材料，从而不断提高自己的思维能力。

三、记忆能力

记忆能力是指人们在各种实践活动中，所接触过的事物在大脑中留下的痕迹，能够在某些条件下重新活跃起来，并对某种事物有熟悉之感的能力。它包括记忆的容量和保持时间、识记速度、重现和再认效率等方面。记忆是事物的映像在头脑中形成、巩固和恢复的过程，是人的心理活动的重要过程，也是人脑对客观现实的反映。记忆能力是指人们能够识记、保持、再认识和重现客观事物所反映的内容和经验的能力，具有重要的实践价值。

（一）记忆的方法

1.理解记忆

初中化学学习中有很多基本概念，仅仅依靠背诵是不够的，需要深入理解才能够真正掌握。教师应该善于剖析概念中的关键字和关键词，以便学生能够更好地理解。例如，"物质与氧发生的反应，叫作氧化反应"中的"氧"是指氧元素，包括单质氧气和化合物中的氧元素。如：$H_2+O_2 \rightarrow H_2O$ 中 H_2 发生了氧化反应，它是与氧气发生的氧化反应；$H_2+CuO \rightarrow Cu+H_2O$ 中 H_2 也发生了氧化反应，它是与氧化铜中的氧元素发生了氧化反应。对两个反应进行比较分析，发现两个反应中的 H_2 都参与了氧化反应，从中抓住了"氧"这一关键字的理解，有助于更好地记住"氧化反应"这一概念。

2.趣味记忆

重要的是理解记忆，但也不能忽视必要的机械记忆。例如，元素符号、地壳中含量居前四位的元素、碱和盐的溶解性等，可以通过机械记忆熟练掌握。为了防止枯燥，可以采用不同的方式来提高记忆效率，并激发兴趣。有趣的记忆方式包括卡片记忆、谐音记忆、韵律记忆、歌谣记忆和顺口溜记忆等。

3.联想记忆

学习化学知识时，揭示概念与客观事物之间的联系和关系，可以通过联想来找出其中的相似之处和本质区别，有助于培养学生的记忆力。

4.归纳记忆

在章节复习和总复习中，教师应引导学生将学过的知识进行归纳整理，使其系统化、条理化。例如，可以按物质分散系分类，包括悬浊液、乳浊液、溶液和胶体溶液，这有助于学生加深记忆。

5.对比记忆

化学概念之间往往有相关性，容易混淆，教师可通过对比来帮助学生准确记忆。

6.分段记忆法

为了让初中学生更好地学习元素符号，教师可以根据教材中元素符号的出现顺序，结合元素性质的学习，分段进行识记，从而使记忆任务变得更加简单明了。

7.缩减式记忆

将所学的知识在理解的基础上进行概括性或提示性缩减可以帮助学生形成记忆，比如炼钢的基本原理，可以概括为降碳、去硫磷、调硅锰。

8.图示记忆

用图示的方式可以提高化学元素单质和化合物之间的转化关系的记忆效果，形成牢固的记忆。

（二）记忆能力的培养策略

初中化学教学中，可以采用各种方法来帮助学生提高记忆能力。例如，采用趣味教学方法，以加强学生的无意记忆；为学生编写口诀、谐音等记忆方法，强化重点知识；联系生活、实际应用，加强学生有意记忆；等等。

案例：化学游戏帮助记忆

先将元素符号或化学式与它们对应的汉字名称写在红、黄两色扑克牌大小的硬纸牌上。比如红色纸牌上写上：$FeSO_4$、$Fe(SO_4)_3$、Na_2CO_3、$CaCO_3$。等，黄色纸牌上就对应写上：硫酸亚铁、硫酸铁、碳酸钠、碳酸钙等。为了帮助学生提高记忆能力，在初中化学教学中，根据班级的情况，可选择不同的记忆方法。例如，教师可以在课前或课堂分发红色和黄色的牌子，让学生相互配对。在课堂上，教师指定一名学生拿红牌上台，让与之对应的黄牌学生自动上台。若这名学生不会，可以让全体学生举起手中的牌，让这名红牌的学生到下面请对应的黄牌学生。这样不仅增加了趣味和互动，也可以活跃课堂气氛，加深学生的记忆。另一种方法是将两色牌子放在讲台的两个盒子内，让学生单人或两人一组上台表演，下面的学生集体评判。这种方法操作简单，效果显著。这样做不仅可以加强学生的无意识记忆，还能激发学生学习化学的兴趣。

案例：类比方法帮助记忆

学习"原子"概念时，学生可能会有"原子不可再分"的错误观念，我们可以通过一系列引导来纠正这一观点。首先，让学生思考"最小粒子"是在什么条件下成立。然后，以排座位为例，让学生理解"最小粒子"与分解的关系。接着，将每个同学比作一个原子，排座位比作化学变化，生理结构比作原子构成，从而加深学生对"原子"概念的理解。通过这种方法，学生可以更容易地接受原子是由更小的粒子构成的事实，并理解原子在化学变化中的作用。

案例：编写歌诀帮助记忆

歌诀记忆法是一种有效的记忆方法，通过编写简单易记的歌曲来帮助学生记忆知识点。这种方法语音和谐，容易记忆，能够激发学生的兴趣和注意力。

1.记忆元素符号口诀：C 碳 O 氧 H 氢，N 氮 K 钾 P 是磷；MgAg 镁和银，Hg 是汞叫水银；SnZn 锡和锌，CuAu 铜和金。

2.氢气还原氧化铜实验的步骤口诀：先通氢，后点灯，操作顺序要记清；黑色变红把灯撤，试管冷却再停氢；先点后通要爆炸，先停后撤要氧化。

3.液体试剂取用口诀：取液手不抖，标签对虎口，顺壁往下滑，眼把量来瞅。

4.高锰酸钾制氧气的一般过程：查（茶）、装（庄）、定（定）、点（点）、收（收）、移（利）、熄（息）。

四、自学能力

自学能力是指个体在没有教师或其他人帮助的情况下，通过自我学习来获取新知识和技能的能力。作为一种高级科学能力，自学能力是建立在多种基础能力之上的，包括观察、理解、思考、记忆等能力。化学自学能力则是指学生在多种因素的影响下，能够独立完成某种化学学习任务的能力。这种能力包括了阅读化学教材、查阅化学参考书和工具书、设计和完成简单的化学实验方案、观察化学实验和教具，以及从自学内容中提出有关的化学问题并做出解答。所有这些因素在化学自学过程中相互协作，使学生能够更有效地掌握化学知识和技能，并逐渐形成自主学习的习惯和能力。

化学自学能力是一种综合性的能力，它包含了许多学习能力的基本要素，如语言表达能力、注意力、感知能力、想象能力、思维能力、记忆能力、操作能力、学习适应能力和自控能力等。此外，化学自学能力还包括特殊的学习能力，如化学观察能力、化学实验能力、化学思维能力等。同时，化学自学能力也包括化学阅读能力、化学语言能力（包括理解和表达能力）以及学习元认知能力等重要成分。

（一）自学的方式

自学有如下几种方式：①提纲式自学。这种自学方法适用于单元教材或参考资料的自学，主要是以粗读为主，再针对其中的重点和难点进行精读，以便于更好地掌握全局。在每个单元或章节之前，列出几个提纲，以达到教学目标。这种方法可以帮助学生熟悉单元教材的内容，同时掌握知识结构。②笔记式自学。这种自学方法适合于阅读部分章节和参考书，需要去粗取精，适合各年级的学生。特别是在阅读参考书时，读书笔记成为自学的得力助手。笔记式自学可以帮助学生建立系统而完整的知识体系。③"导学案"式自学。在课前，教师可通过学案帮助学生预习课本，并让学生自主解决有关问题。在学生自学过程中，教师应进行适当指导，使学生较好地掌握教学内容，培养自学能力。学生自学教材并完成学案中的问题，既能逐步培养学生自主学习的能力，又能让学生养成良好的学习习惯和正确的自学方法。④分组讨论式自学。为了促进学生的自主学习能力，教师可以在学生个人自学的基础上，组织学生分组讨论学案中的问题。在讨论中，可以跳过简单易懂的内容，专注于教学中的重点和难点问题，让学生展开讨论交流，以达成共识。对于无法解决或普遍存在的问题，教师应及时汇总，以备在精讲或学生展示时解决。教师应积极引导学生关注学案中的问题，围绕教材和学案展开讨论，从而提高课堂教学效率。⑤收获式自学。化学知识杂多、系统性不强，学生易忘，需注重训练总结归纳能力，以提高知识的系统化程度。⑥对比式自学。化学概念众多，容易混淆。为了帮助学生准确理解概念，教师应该引导学生进行对比学习。这种学习方式可以帮助学生发现概念之间的共同点、不同点和相似点。此外，对于一些概念，需要进行深入挖掘才能真正理解。通过对比式自学，学生可以更好地掌握概念。

除了前面提到的几种自学方法外，还有圈点式、眉批式和混合式等。使用哪种自学方法，还是同时采取几种，需要根据具体的教材内容来决定，并且需要教师精心选择和安排，使读、议、讲、写、练有机结合。

（二）自学能力的培养应达到的要求

为了使自学更有效，需要满足以下要求：首先，教师应该指导学生逐字逐句阅读，理解关键词语和重要内容，写出要点或旁注；其次，学生需要学会整理笔记，比较、归纳知识，形成知识体系；再次，学生需要学会独立获取信息，并将新信息与原有知识结合，形成解决问题的能力；另外，学生需要学会使用原子结构、分子结构等模型及各种标本，使用现代化教学工具，例如幻灯投影仪等；最后，学生需要改进自学方法，养成认真读书、读思结合、先复习再做书面作业等良好习惯。

（三）自学能力的培养策略

化学教学中的自学能力培养应该分为两个方面。第一方面是培养学生的阅读能力，教师应该指导学生掌握科学的阅读方法，以提高学生的阅读效率和准确度。第二方面则是着重对学生进行学习方法的训练，教师可以通过指导学生进行科学的预习、鼓励学生阅读课外教材并请其向全班汇报所读内容、要求学生总结所学内容、定时检查学生笔记等方式来实现这一目的。

案例：《第一单元 走进化学世界》（课题 1 物质的变化和性质）自主学习课前学本要求学生在阅读课本和查阅资料后，形成具有说服力的问题结论。学生可以分组讨论，思考以下问题。

1.实验 1-1 包括四个实验，你是否注意到了实验中的变化？如何区分物质的"变"与"不变"？这个实验的主要目的是解决什么问题？

2.P7 实验记录表的设计包括哪些栏目？表格及表格栏目在思考分析问题时有什么作用？

3.在实验 1-1（3）中，为什么要使用"2 支试管中分别放入少量研碎前、后的胆矾，并加入少量水，振荡得到澄清的硫酸铜溶液，再向 2 支试管中分别滴加氢氧化钠溶液"？

4.以下描述中哪些是物理变化或化学变化？哪些是物理性质或化学性质？

A.氧气不易溶于水 B.酒精能够燃烧 C.火药爆炸 D.蔗糖是白色的 E.水降温结成冰 F.铁在潮湿的空气中会生锈

你能否从中发现描述物质性质和变化的方法？你能判断挥发性、水溶性、吸附性属于物质的哪些性质？

5.实验 1-2 阐述了物质性质验证与鉴别的方法。你能从中整理出鉴别物质的思路吗？

6.请列举你常见到的三种物质变化的例子。

7.在学完本课题后，你认为自己必须掌握哪些知识？

五、创造能力

创造能力是善于运用前人经验并以新的内容和形式来完成任务的能力。它需要发散性思维和聚合性思维的结合。创造能力的形成需要基于丰富的知识经验，包括敏锐的观察力、精确的记忆力、创造性思维和设想等。同时，它也与个性心理品质、情感、意志特征等密切相关。综合能力是实现创造能力的最高水平。创造能力通常表现为以下几个方面：①敏锐的问题探索和发现能力；②用一个概念统摄多个概念的思维能力；③总结和转移经验，应用于其他类似问题；④灵活运用侧向思维和求异性思维；⑤具有想象、联想和形象思维能力，产生新的深刻观点；⑥将主观意识与客观实际相结合，实现发现、发明和创造。

（一）创造能力的构成要素

创造能力由五大要素构成，分别是创造性思维、创造意识、创造技能、创造精神和信息量度。

1.创造性思维

创造思维能力是一种独特的思维能力，它不同于一般性思维，而是基于现有材料，采用创新独特的思维方法，创造出具有社会价值的新产品、新技术、新概念和新原理。主要表现为发散思维能力，与联想、想象、推理、灵感和直觉等能力有关。在化学学科中，问题的答案并非唯一，解释也不是固定的，需要学生用发散思维从多角度全面地解决问题。

2.创造意识

创造意识是指对创造相关信息、活动、方法和过程的整体认知和感知，它包含了动机、兴趣、好奇心、求知欲、探究性、主动性和问题敏感度等。培养创造意识能够激发创造动机，增加创造兴趣和热情，形成创造习惯，并增强创造欲望。拥有创造意识的学生能够主动探究和思考，联系已有知识猜测、预设或解释一些新的化学现象、问题和实验。

3.创造技能

学生的创造技能主要包括灵活运用各种创造技法和把构想转化为实物的能力。化学实验是化学学科的基础，学生在学习化学知识的过程中必然会进行实验操作。因此，学生的创造技能不仅要求具备基本的实验操作能力，还需要能够对实验进行改进并加以实施，这有助于提高学生的创造能力。

4.创造精神

创造精神指具备积极开放的心态，包括自信、怀疑、冒险、意志、热情、挑战、事业、献身、使命、勇气、责任、毅力等。拥有创造精神的人勇于质疑、尝试、胸怀宽阔、不迷信权威、探索、无私无畏。科学发展就是一系列尝试、质疑和纠正的活动推动的，化学知识的正确性也经历了无数次的变化。

在学习化学知识时，学生要大胆尝试和质疑，这是科学态度和能力的体现。

5.信息量度

信息量度指与创造课题相关的信息和知识的总量及其新旧程度的加权函数，反映了信息和知识的时效性和价值性。如果用 X_n 表示已掌握的距今 n 年以内、$n-1$ 年以外的时间段出现的信息与知识的量，那么，信息量度=$X_1+X_2/2+X_3/3+\cdots+X_n/n$。也就是说，掌握 1 年内才问世的信息与知识的量可以直接计入信息量度，而掌握 2 年以内、1 年以前问世的知识量需要除以 2 才能计入信息量度。在其他要素相同的情况下，信息量度越大，创造能力就越强。因此，为了增加信息量度，人们需要不断更新知识，捕捉最新的科技信息并创造新的知识。化学是一门更新快速的科学，学生在学习化学知识时需要不断吸收新知识，以充实自己。

（二）创造能力的培养应达到的目标

化学创造能力是指学生利用化学知识从事创造性活动的能力，如评价化学现象和理论，应用化学知识解决实际问题等。但需要注意的是，学生的化学创造能力与化学家的创造能力还是存在很大差别的。学生应该具备以下能力目标：①学完课堂知识后，自主拓展相关的课外知识，持续增长知识量；②面对新的知识或未知现象，主动进行研究和探索，勇于提出假设，尝试自我理解并进行验证；③勇于质疑既定理论或解释，并对其不合理处进行深入研究；④习惯从多角度思考问题，探索多种解决方案；⑤将所学知识应用到生产和生活中，解决实际问题；⑥自主设计实验，改进传统实验步骤和装置等，并实施操作。

（三）培养创造能力的策略

通过创设情境、鼓励质疑、开放式作业和实验设计等方式，有助于学生发展创造能力。

案例：请学生按小组从图 1-6 中选择合适的仪器，绘制制备 CO_2 气体的装置图。

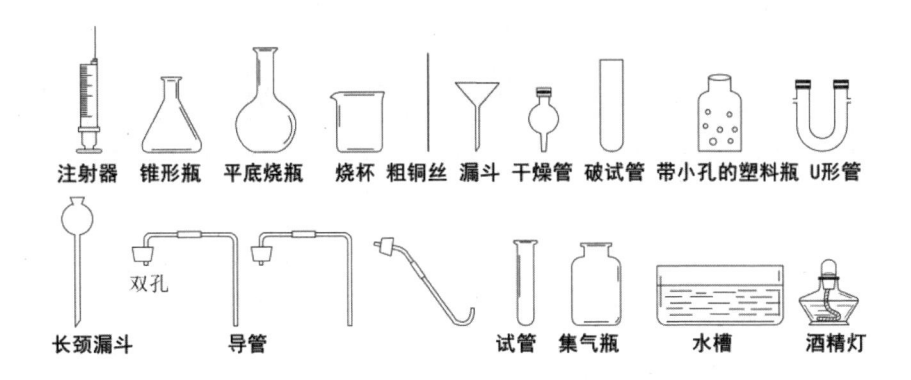

图 1-6 制备 CO_2 所提供的仪器

解析：通过观察学生在该学习任务中的行为表现来考查学生对于气体制备反应原理、气体密度和水溶性等基础知识的掌握以及如何将其组合成体系化的知识。

气体制备仪器的选择应建立在对气体制备原理深入理解的基础之上。以制备二氧化碳为例，实验室使用石灰石和稀盐酸作为药品，反应条件为常温，因此锥形瓶、平底烧瓶、试管等可以作为反应容器，而注射器和长颈漏斗等常见仪器可以用于稀盐酸的滴加。但是在提供的仪器中，也可能包括一些非常见的仪器，例如粗铜丝和带小孔的塑料瓶，这需要学生结合思维和动手能力进行设计。在图 1-7 中，展示了一些学生设计的案例。

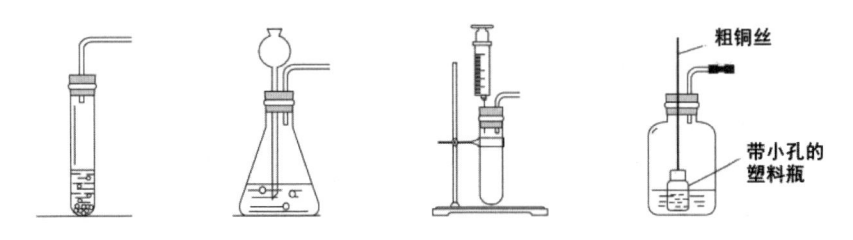

图 1-7 实验室制备 CO_2 的简易装置

第二章　初中化学教学中常用的教学模式

本节内容将从客观的视角介绍几种对国内外教育产生深刻影响的教学模式：程序教学模式、发现教学模式、掌握教学模式、范例教学模式；另外，对最近几年研究的热点如问题解决教学模式、概念转变教学模式也将做详细介绍。

第一节　程序教学模式

20世纪20年代，桑代克教授提出了联结主义学习论，认为行为是对环境刺激做出的反应。桑代克的实验是饿猫实验，一只饿猫被关在实验迷箱里，箱门紧闭，附近放着一条鲜鱼，箱内有一个开门的按钮。猫开始无法走出箱子，只是在里面乱碰乱撞，一次偶然的机会，猫碰到了按钮，吃到了鱼，于是在经过多次失败的尝试后，猫碰到按钮的错误概率逐渐减少，最后猫学会了碰旋钮以开箱门的行为。桑代克认为学习的实质在于形成刺激—反应之间的联结，学习的过程是通过盲目的尝试与错误的渐进过程。鱼的存在增加了猫碰按钮的次数，鱼是对猫行为的奖励。操作性条件作用理论是联结主义的核心思想，即行为可以被塑造，改变环境刺激可以调节行为，而奖励可以增强行为，惩罚可以减弱行为。操作性条件作用理论为行为心理学、教育心理学和认知神经科学研究提供了基础。

美国教育心理学家B.F.斯金纳设计了一只装有饥饿老鼠的"斯金纳箱"实验装置，老鼠可以通过控制杆来获得食物。老鼠在箱子里不断活动，每次按下控制杆就会获得食物，这个过程中强化了老鼠取食的行为。斯金纳重复对其他动物进行了类似的实验，证明及时给予奖励和强化是促进动物学习的主要因素。斯金纳认为，人类学习也是一种操作反应的强化过程，通过操作性强化，可以学会一个新的行为单位或者精炼现有的行为单位。为了使教学或者训练获得成功，需要精确地分析强化效果，并设计特定的强化系列，不断给予强化，促使学习者向着学习目标前进。因此，在教学过程中，教师需要根据学习目标不断地给予强化，促进学习者向着目标不断前进。

B.F.斯金纳基于动物实验提出了操作行为主义的学习理论，进而提出了程序教学论及其教学模式，对20世纪50年代的美国和世界的中小学教育产生了广泛影响。斯金纳的教学理论促进了学习理论的科学化，加速了心理学和教育学的有机结合，推动了教学手段的科学化和现代化。此外，该理论也重新激起了人们对个别化教学研究的兴趣，使个别化教学在中断多年后又重新活跃起来。

一、程序教学模式的教学原则

程序教学模式建立在新行为主义的联结主义学习理论基础上，该理论认为学习是一种操作性行为，通过"刺激—反应—刺激"的方式形成。斯金纳通过操作性条件反射实验发现，任何复杂的行为都可以通过简单行为的逐步联系而成。该教学模式的目标是教给学生具体的技能、观念和行为方式，如掌握某种智力或行为技能。学生从程序教学中获取的知识和技能大多是现成的，而不是创造性的。

实施程序教学需要考虑哪些问题？根据操作行为主义的学习理论，首先要考虑的是在特定时间内计划教学的内容，并通过学生的行为来表示。其次，要考虑可用的强化物，包括学习者在学习过程中对材料的兴趣和奖励，如教师的微笑、肯定的赞语、奖品等。最后，强化的最有效安排是逐渐将复杂的行为模式精细化为小的单位或步骤，即将教学目标具体分解，确定每个步骤的行为强度，以使强化的效果达到最大化。在程序教学模式的实施过程中，需要遵循以下几个原则。

（一）积极反应原则

为了使程序教学过程成功，教师需要确保学生一直处于积极学习的状态。这意味着，在教学中，教师需要引导学生做出某种反应，然后通过强化或奖励巩固这种反应，激励学生做出更多反应。

（二）小步子原则

程序教学的教材被分解为一步步的学习内容，前一步的学习为后一步做铺垫，难度相差很小，学习者易于成功，并建立自信。

（三）即时反馈原则

程序教学的一个重要特点是即时反馈。这种即时的反馈能够让学生立即知道自己的答案是否正确，从而树立信心，保持学习行为的有效。例如，在程序教学中，学生能够在完成一个问题的回答后立即呈现下一个问题，这本身就是一种反馈。如果学生回答正确，这种反馈会告诉他们已经掌握了第一步，并可以继续进行下一步的学习。这种及时的反馈可以帮助学生更好地理解和掌握所学内容，并激励他们继续学习。

（四）自定步调原则

程序教学与传统教学法不同的是，它允许学习者根据自己的情况来确定掌握材料的速度，而不是以"中等"水平的学习者为参照点。传统教学法使掌握快的学生被拖住，而学习慢的学生跟不上，导致班级学生之间的学习水平差距越来越大。相比之下，程序教学法更加"合理"，每个学生可以按照自己最适宜的速度进行学习，从而减轻了学习压力，提高了学习效率。此外，由于有自己的思考时间，学习者在程序教学中更容易取得成功。

（五）低错误率原则

在教学过程中，要尽量减少学生出现错误反应，因为错误反应会带来不良的刺激，会影响学习者的情绪和学习速度。少错误或无错误的学习可以增强学生的积极性，并提高学习效率。程序教学需要按照教材内部的逻辑顺序进行设计，以保证学习者在学习过程中尽可能减少错误率。同时，合理地设计教材可以使每一个问题或每一步都能够体现出教材的逻辑价值。

二、程序教学模式的操作程序

（一）直线式程序

斯金纳创立的程序教学模式是一种经典的教学程序，将教材分解为一系列连续的小步骤，每一步包含少量内容。这些步骤按照逻辑顺序排列，难度逐步递增。学生需要在每一步中做出正确的反应，教学机器会给予及时反馈。如能正确完成一步，下一步就会呈现出来，这样一步步展开学习，直至达到学习目标。

（二）衍枝式程序

由于学生的学习能力和基础不同，学习材料的难易程度也不同，因此在经典程序教学模式的基础上出现了两种变体，其中之一是衍枝式程序。这种模式是由美国人 A.克劳德提出的，它将学习材料分成逻辑单元，每一步的内容相对直线式程序要多，但每个项目的内容更丰富。学生掌握一个逻辑单元后需要进行测验，测验使用多重选择反应方法，根据结果来决定下一步的学习内容。衍枝式程序有助于消除不同学生之间的学习差异，使得学习更具有个性化和针对性。

（三）莫菲尔德程序

这是心理学家凯提出的一种程序教学模式，它是直线式和衍枝式程序原则的结合体。与直线式相似，该模式遵循一个主序列，但只有一个支序列来补充主序列，不像衍枝式有多个支序列。学生可以通过支序列的学习，直接前进到主序列的下一个问题，这样可以提高学习效率。

三、程序教学模式的应用案例

程序教学模式在初中化学中主要应用于化学反应方程式的书写、配平以及计算等操作性、指导性学习材料。下面详细阐述化学反应方程式的书写在程序教学模式中的应用。

案例：化学反应方程式的书写

第一步：学生在教师的指导下先学会化学反应方程式的书写步骤。

以磷在氧气中燃烧生成五氧化二磷为例，运用质量守恒定律，采用最小公倍数法配平。步骤可总结为"一写，二配，三标"。

写：根据事实写出反应物和生成物的化学式，并在反应物和生成物之间画一条短线。

$$P + O_2 \longrightarrow P_2O_5$$

配：化学方程式的配平要遵守质量守恒定律，使得方程式两侧的原子数和种类相等。配平完成后，需要进行检查确认。

$$4P + 5O_2 \longrightarrow 2P_2O_5$$

标：在化学方程式中，我们需要标明化学反应发生的条件，例如点燃、加热等，还需要标出生成物的状态，例如气体、沉淀等。最后，把短线改成等号，使得化学方程式符合质量守恒定律。

$$4P + 5O_2 \xrightarrow{点燃} 2P_2P_5$$

第二步：学生根据已掌握的方法进行自主练习。

学生可以通过严格、规范的训练来强化化学反应方程式的书写步骤。例如，可以要求学生书写"硫燃烧生成二氧化硫的化学方程式"或"氢气与氧气反应生成水的化学方程式"，以此来加深对化学反应方程式的理解和掌握。

第三步：针对学生练习中出现的问题，及时反馈。

根据学生的解答情况，可以针对不同反馈内容的问题进行解释。

反馈1：化学方程式应当根据实验事实，在方程式的左右两边写出反应物和生成物的化学式。催化剂既不是反应物也不是生成物，因此不需要写在方程式两边（遵守客观事实）。

反馈 2：要遵守质量守恒定律，配平化学方程式时必须在化学式的前面加上适当的化学计量数，而不能改变化学式中原子的个数。

反馈 3：不要忘记标明反应条件及↑和↓。

第四步：设计难度更大的习题，学生进行自主练习。

通过给定反应物和生成物，使学生学会书写不熟悉的化学方程式，以达到学以致用的目的。如：点燃镁条可以在 CO 气体中继续剧烈燃烧，生成碳和氧化镁，其反应的化学方程式为_____。从这个反应中，你可以得到哪些信息？

化学反应方程式不仅可以用来描述化学反应，还可以用于相关计算。根据质量守恒定律，质量之比等于相对分子质量之比，可以通过化学方程式进行计算。计算步骤包括：设定未知量，写出化学方程式，标明质量比、已知量和未知量，列出正比例式，解决方程式并给出答案。教师可以通过一道例题进行说明，然后让学生进行自主练习，并及时反馈给教师。教师可以根据学生练习情况进行矫正和强化训练，以便学生更好地理解和掌握计算方法。

四、程序教学模式的教学评价

程序教学模式以各个小步子的问题来测查学生反应的正确率，适应个别差异。借助程序式的教材或机器教学，教师可集中精力设计小步子，提出适应不同学生的学习要求，并及时反馈。斯金纳的教学机器在 20 世纪 50 年代风靡，程序教学思想对教学设计产生了深刻影响。70 年代后，程序教学方法被广泛应用于计算机辅助教学，智能化的电子教学机如雨后春笋般出现。学生在人机互动中强化学习，"步步清""降低坡度""及时反馈"等词语也体现了程序教学思想。

虽然程序教学模式对教学设计产生了影响，但行为主义将人视为消极被动的机器，否定了人的主观能动作用和大脑对行为的调节作用，这使得行为主义在理论上显得苍白无力。此外，程序教学要求学生按照严格规定的小步子前进，这不利于培养学生的主动性和创造性。因此，在许多具体问题上，行为主义和程序教学难以自圆其说。

第二节　发现教学模式

苛勒在1913—1917年期间进行了一系列关于黑猩猩的实验，包括箱子问题和棒子问题。在实验中，苛勒发现黑猩猩可以识别箱子和香蕉之间的关系，并利用箱子和棒子来解决问题。实验结果表明，学习是一个顿悟的过程，而不是试误的过程。顿悟是通过理解事物之间的关系、结构和性质来实现的。因此，认知主义学习理论认为，学习的实质不是刺激和反应的连续，而是形成认知结构和认知地图的结果。这一理论强调个体的主观能动作用，认为人的大脑对行为有着支配和调节作用。与行为主义相比，认知主义更为全面和深入，能更好地解释学习过程和现象。

皮亚杰在20世纪60年代创立了"发生认识论"，主要研究知识是如何通过人的思维和心理活动形成和发展的。其认知发展理论的图式是人脑中已有的知识经验的网络框架，是一种有组织、可重复的行为模式或心理结构，是认知结构的单元。由于个体过去的知识和经验的不同，相同对象的认知结果也会有所不同，而在进行社会知觉时，图式会对新信息进行同化和顺应。因此，图式是主体内部的一种动态的、可变的认知结构。皮亚杰反对行为主义的S→R公式，提出了S→（AT）→R公式，即刺激被个体同化于认知结构之中，才能做出反应。个体之所以能对各种刺激做出不同的反应，是由于个体具有能够同化这些刺激的某种图式。这种图式在认识过程中发挥着重要作用，即能过滤、筛选、整理外界刺激，使之成为有条理的整体性认识，从而建立新的图式。皮亚杰认为，人类对外界的认识与动物有所不同，人具有智慧，其内在动因是认识的源泉，无论是接受刺激还是对刺激做出反应，都会受认知结构所支配。

布鲁纳的认知—发现学习理论认为，学习的本质是主动构建认知结构。学习者不应该被动地接受知识，而应该通过将新获得的知识与已有的认知结构联系起来，积极地构建知识体系。教师的作用是引导学生思考和探究，而不是简单地灌输规则和原理。发现法是布鲁纳提倡的一种方法，即教师只给学生一些事实和问题，让学生自主探究并发现相关原理和结论。通过这种方法，学生的学习动机和兴趣得到激发，同时也培养了学生独立分析和解决问题的能力。

一、发现教学模式的教学原则

（一）动机原则

布鲁纳认为，学习的动机是认知学习中的重要因素，分为内在动机和外在动机。教师应注重激发学生的内在动机，如好奇心、好胜心和互惠性等，这些内在动机可以促使学生更长时间地学习并取得更好的效果。相比之下，奖励和竞争等外在动机的效果相对较弱，教师应尽可能激发学生的内在动机。具体来说，教师需要注意三个方面：首先，激发学生对学习探索活动的热情；其次，帮助学生保持这种热情；最后，使学生对活动的具体目标有明确的认识并提供有关的知识，使学习探索活动有正确的方向。教师在教学活动中的作用十分重要，只有善于激发学生的内在动机，才能有效地推动学生的认知学习。布鲁纳说："如果教学富有成效的话，那么在教学人员帮助下的学习一定比个人独自进行学习所遇到的危险、风险或苦恼来得少。"

（二）结构原则

布鲁纳认为学科知识都有一定的结构，反映事物之间的联系和规律性。教师应该教给学生各学科最基本和最佳的知识结构。任何概念、问题或知识都可以用简单的形式来表示，以使任何学习者都能理解。知识结构可以用动作、图像和符号三种表现形式呈现，教师应根据学生的年龄和认知基础来选择适当的再现形式。教材的组织要符合经济原则，而有效力量则指教给学生简明扼要、有利于进一步学习的知识。

（三）程序原则

布鲁纳认为，教学程序对学生的知识获得和能力发展具有重要影响。因此，教师应该注意选择和设计最佳的教学程序，这些程序应该考虑到学生的认知发展，通过一系列有序的步骤来系统地呈现问题或大量的知识，以提高学生掌握、转化和迁移所学事物的能力。布鲁纳强调"在任何特定的条件下，最理想的序列则随着各种因素而定，这些因素包括过去的学习、发展的阶段、材料的性质的个别差异等"。

（四）强化原则

布鲁纳认为，教师应该通过反馈来让学生了解自己的学习结果，并帮助他们逐步具备自我纠正、检查和强化的能力，以增强有效学习。他指出，学习效果的高低取决于有关结果的知识何时和何地可用于纠正。因此，教学应当帮助学生在适当的时间和步骤下掌握纠正知识。适当的强化时间和步骤是成功学习的关键。学生必须获得反馈来了解他们掌握知识的程度。布鲁纳认为，"教"只是一种暂时状态，其目的是促进学生学会学习。教师必须指导学生学会如何学习，培养学生独立思考和自我矫正的能力，以防止他们永远依赖于教师的指导。

二、发现教学模式的操作程序

第一阶段：创设问题情境。创设问题情境是一种特殊的学习方式，它能够激发学生的学习动机，引导学生积极思考并探索解决问题的方法。问题情境中的教学问题需要符合学生已有的知识水平和能力，同时又具有一定难度，需要经过一定的努力才能解决。通过创设问题情境，教师能够激发学生对未知事物进行探究的兴趣和热情，使学生形成自主学习的意识和能力。

第二阶段：利用材料，提出假设。教师应该通过问题情境引导学生利用直觉思维，提出有益于解决问题的假设，并充分考虑可能碰到的困难。教师应该鼓励学生通过分析、综合、比较、类推等方法来进一步加强假设，并围绕假设进行推理，最终形成确切的概念。

第三阶段：检验假设。教学应该着重培养学生的分析思维能力，让学生通过反复地求证、讨论，寻找答案，并逐步提出一般的原理或概念，从而提高他们运用知识、分析问题和解决问题的能力。在教学中，教师应该引导学生进行资料的收集和其他类似事例的对照检验，以检验学生已获得的结论的正误及其程度，并对提出的假设进行论证。此外，教师应该纠正学生假设中的不完整和相互矛盾的内容，帮助学生去粗取精，去伪存真，以得出最佳的结论。

第四阶段：得出结论，应用假设解决问题。引导学生动手解决具体问题，培养他们自主解决问题和创造性思维的能力。

三、发现教学模式的应用案例

在教育教学中，有些重要的知识点可能已经被前人发现并总结成定义、定理、公式、法则等形式，但在教学中，仍然需要引导学生去发现这些知识的内在联系和应用，让学生像科学家一样去探索和发现问题。通过这种发现教学模式，可以培养学生的思维能力、创造性和创新精神，让他们在探索发现的过程中逐步形成知识结构，进而更好地应用知识解决实际问题。下面以钢铁生锈实验来阐述发现教学模式在化学教学中的应用。

案例：钢铁生锈实验

第一阶段：创设问题情境，引入新课。请同学们交流所查阅的资料：我国每年因钢铁生锈造成的经济损失情况。钢铁为什么会生锈？

第二阶段：分析推测，做出假设。学生提出了三种不同的假设，分别是与空气接触、与水蒸气接触、与空气和水共同接触。教师应该引导学生对假设进行推理和判断。若是原因 1，则说明铁能够与空气中的氧气发生化学反应；若是原因 2，则说明铁能够与水发生化学反应；若是原因 3，则说明铁能够与空气和水同时发生反应。

第三阶段：收集资料，进行验证。为了验证三种不同的假设，学生设计了三个实验。实验 1：在试管中放入铁钉，用酒精灯烘干并用橡皮塞密封，使铁钉只与干燥空气接触；实验 2：取一试管，加入铁钉，注入刚煮沸的蒸馏水，水位淹没铁钉，然后在水面上倒入一层植物油，使铁钉只与水接触；实验 3：将铁钉放入试管，注入蒸馏水，不浸没铁钉，使铁钉同时与空气和水接触。

根据实验观察，发现实验 1 和实验 2 中的铁钉都未生锈，只有实验 3 中的铁钉出现了锈迹。因此，可以得出结论，常温下铁在干燥的空气中或者仅与水接触的情况下不会生锈，只有当铁同时接触水和空气时，才会发生生锈的现象。这说明铁的生锈是水和空气共同作用的结果。

第四步：总结提高，深化迁移。教师在验证假设并获得结论后，可以通过提问引导学生进一步思考。例如，可以讨论铁在潮湿空气中生锈和铁丝在纯氧中燃烧生成 Fe_3O_4 的实验，探讨不同反应条件对化学反应结果的影响；或者根据铁生锈的原因，尝试提出预防铁生锈的一些措施。这样的引导可以帮助学生深入理解实验原理和化学知识，并进一步提高学生的思考能力和实验操作能力。

案例：铁在氧气里的燃烧

第一阶段：创设问题情境。教师可以在学生掌握"铁在氧气里燃烧"的实验后，提出一些引人深思的问题，以激发学生的思考。例如，当铁在燃烧时，落在地上的黑色物质中是否还含有铁？铁锈的主要成分是 Fe_2O_3，那么为什么铁燃烧的产物不是 Fe_2O_3 呢？

第二阶段：利用材料，做出假设。为学生提供相关材料：铁在燃烧时会与氧气反应，生成铁的氧化物，其中包括 Fe_3O_4 和 Fe_2O_3。铁的氧化物可被酸溶解。Fe_2O_3 在高温时会分解成 Fe_3O_4，而 FeO 易被氧化为 Fe_2O_3。表 2-1 列出了 Fe_3O_4 和 Fe_2O_3 的分解温度和铁的熔点。根据这些材料，学生可以提出两种假设。假设 1 是黑色物质中没有铁；假设 2 是黑色物质中含有铁。为了验证这些假设，可以将冷却后的黑色物质碾碎并装入试管，然后加入盐酸溶液。如果观察到气泡冒出，说明铁燃烧时溅落下来的黑色物质中还含有铁。

表 2-1 Fe_3O_4、Fe_2O_3 的分解温度和铁的熔点

	Fe_3O_4	Fe_2O_3	铁
分解温度/℃	1538	1400	—
熔点/℃	—	—	1535

第三阶段：检验假设，做出结论。学生进行实验后观察到铁在氧气里燃烧产生的是黑色物质，根据表中数据可推断出这是 Fe_3O_4。结合实验结果和表中数据，可以推知铁在氧气中燃烧产生的高温应在 1535—1538℃，这是因为

在这一温度范围内 Fe_2O_3 已分解成 Fe_3O_4。

四、发现教学模式的教学评价

布鲁纳认为知识是一个过程而不是结果。他强调探索新情境、提出假设和解决新问题的态度尤为重要。作为发现式教学模式代表人物，布鲁纳基于结构主义认知心理学，提出要通过学习学科知识的基本结构，促进学生的认知结构不断地重组和改造，从而实现智力获得的发展。以解决问题为中心，培养学生创造性思维能力才是目标。学生和教师在协作中探索研究，使学生学会如何学习、发现问题和信息加工，学会对提出的假设进行推理和验证，从而培养科学探究的能力，发展逻辑推理能力和科学严谨思维方式，满足科技飞速发展的要求。教师在教学中利用新奇、怀疑、困难、矛盾等因素引起学生思维冲突，使他们发现并解决问题，从而增强自主发现和解决问题的信心，形成坚强毅力和勇攀科技高峰的进取意识。

布鲁纳提出的"发现学习"教学旨在培养学生的创造性思维能力，强调学生在自主探索中获得新知，从而激发学生的内在动机和兴趣。但要实现这种教学效果，教师的正确指导是至关重要的。教师应该以激发学习动机为目的，将兴趣作为学习的切入点，与学生形成情感交融，引导学生发现和探索新知。这种教学模式与我国实施素质教育的"愉快学习"和"自主学习"等理念不谋而合，都旨在增强学生的主体性，提高学习兴趣，激发潜在动机，发挥创造性。

发现教学模式的确对教学设计产生了重要的影响，但也存在一些局限性。人类的大脑并非被动地接收和记录输入的信息，而是积极地构建对这些信息的解释，主动选择和忽略信息，并从中推断得出结论。因此，每个人发现问题和得出的结论可能是不同的。在采用发现教学模式时，教师需要花费较多的时间，这样不经济，在短时间内传授大量知识和技能不太适用。其次，发现教学模式要求学习者具有较高的思维能力，实际上，只有少数优秀的学生能够真正参与发现学习。此外，发现教学没有现成的方案，因此对教师的知识素养和教学技巧提出了更高的要求。

第三节　掌握教学模式

掌握教学模式是在卡罗尔"学校学习模式"基础上提出的。卡罗尔认为，如果在某个学科中，学生的能力倾向符合正态分布，并且他们接受到完全相同的教学（教学质量、时间、数量等均相等），那么在适当的成绩测量中，最终结果将呈现正态分布。基于此研究，布卢姆提出了掌握教学模式的基本观点：95%以上的学生在学习能力、学习速率、学习动机方面并没有太大差异。学生的学习差异主要是由家庭和学校的环境条件所决定，而不是遗传或智力因素。只要学生有足够的学习时间，接受合适的教学，他们就能够掌握世界上任何可以学会的事情。

一、掌握教学模式的教学原则

布卢姆提出了掌握教学模式，其目标是让每个学生都能达到掌握程度。该模式有以下特点。

首先，它保持了班级群体教学形式，并在此基础上进行个别化的矫正性帮助，体现了课堂教学个别化的有效企图。

其次，掌握学习以目标达成为准则，将所要学习的教材分成逻辑单元，并根据课程终极目标制定明确的单元目标明细规格。只有95%以上学生都达到了单元教学目标，才能进入下一单元。因此，它能确保每个学生都能达到掌握的水平，最大限度地缩短学生学习的差距。

最后，掌握学习教学将教学与评价紧密地联系起来，充分运用各种形式的评价，特别是形成性评价（在学习形成期间的评价）。因此，它能最大限度地激发学生的学习动机，发掘学生的学习潜力并提高学生的学习能动性和积极性。

掌握教学模式以三点为立足点：一是学科的整体课程结构，二是本学科的年度计划和期末、学年末必须达到的目标以及各教学单元的目标结构，三是各教学单元的目标，其目标通常应以前面目标为基础并略高于前面的目标。在学习单元的教学结束时，全班学生将接受测试，并对测试打分以确认他们的知识掌握情况。只有掌握的分数达到试题总分的 80%—85%，才算达到掌握水平。形成性测试一般用 20—30 分钟的时间，测试后由教师宣读答案或指出正确做法，学生对试题进行打分，及时了解自己的成绩。对于达到掌握水平的学生，应予以表扬，而未达到掌握水平的学生则需要进行再教学或矫正教学，再进行测试，直到达到掌握水平为止。让学生组成 2 至 3 人的小组，互帮互学，是矫正学习过程中最有效的程序。当然，教师应给予指导。再测试的试题不应只是第一种形式，应准备 A、B 两种，对在第一次测试中未达到掌握水平的学生进行平行性测试（即使用 B 种试题）。再测试应在第一次测试后 2—3 天内进行。两次测试的答对数相加，同样，达到 80%—85% 才能算掌握。在完成第一次测试后，教师应复习大多数学生搞错的概念，然后才能继续进行下一单元的教学。

二、掌握教学模式的操作程序

实现"掌握学习"需要按照一定的教学程序，从教学目标分析、教学单元的安排到总结性测试和评价，一步步地进行。其中，教学目标的分析和教学单元的安排是有效进行掌握学习的前提。据布卢姆的研究，认知的前提能力和情感的前提特性对学习达成度的影响约占 75%（50%＋25%）。因此，掌握学习教学重视使学生具备学习新课题的前提条件。在每个单元开始时要进行诊断性测试和评价，只有具备了前提条件，才进行新课题的教学。

因此，为了实现掌握教学模式，需要制定一系列目标。首先，要详细规定长期目标，将最主要、最基本、具有较大潜在迁移性或应用价值的目标定为掌握目标，把其他目标视为一般了解目标。其次，根据目标编制期末终结性测验，评估学生学习成绩的覆盖面及学习质量。然后，把课程分解为一系列学习单元（每单元 1—2 周），制定单元教学目标。接着，针对单元目标编制简短的形成性测验，诊断学生在本单元学习内容广度和深度上的掌握情况。设计单元掌握学习计划，帮助学生达到单元教学目标。同时，设计有效的反馈和矫正计划，利用形成性测验提供的反馈信息，提供选择的教学材料及各种形式的学习活动（例如提供不同的教科书、视听材料、教师个别辅导、学生讨论、相互帮助），帮助未掌握者矫正学习中的差错。最后，设计已掌握者的活动，让他们成为未掌握者的教师，或自学或从事其他学科的活动，或进行非学术性活动（如消遣性阅读），充实有关课外知识，深化本学科的学习。因此，掌握教学模式的实施程序为：诊断性评价→团体教学→单元形成性测验→通过者进行加深学习，未通过者进行补习（达到通过）→进入下一单元的学习→在一学期结束或几个章节全部内容学完后进行总结测验。

掌握教学模式分为三个环节：定向、实施和检验。在第一环节中，教师通过诊断性评价告知学生掌握目标，并启发学生的学习兴趣、信心和学习方法。在第二环节中，采用通常的班级群体教学形式教授单元，并用形成性评价进行及时的评价和矫正。第三环节则是在单元和全部教材学完后进行终结性测试和评价，并进行必要的矫正和补救。

掌握教学模式的基本结构：①教学准备。在教学开始前，了解学生的实际情况，包括知识水平、认知能力和心理状态等，是教师的必要工作。同时，教师应该对学生进行鼓励，指导学生掌握有效的学习方法，帮助他们形成积极的内部心理状态，以促进学生更好地学习。②确定课时教学目标。为了有效实施教学，需要根据学生的实际情况，确定每节课的教学目标、内容和要求。同时，需要将单元目标分解成具体明确的课时目标。③进行课堂教学。教师应介绍学习目标和方法、实施教学和课堂总结，及时评价学生的学习情况，做出相应的调整。课堂总结可以帮助学生掌握本节课所学的知识，指导学生进一步自主学习。④测试。教师在一门学科的教学完成后要对全体学生进行一次测验，以了解学生对教学目标的掌握程度。在测试时，要使用事先准备好的形成性测验，不能随意命题；测试的目的是评估学生的学习成果，不能对测试结果排名次，只需说明学生是否达到标准就可以了。⑤矫正。根据测试结果，若有学生未达到测试标准，则需要进行第二次教学，为他们提供第二次学习的机会。第二次教学应该根据学生的具体错误进行针对性的矫正，并在2—3天内完成。与第一次教学方式不同，第二次教学的目标是帮助学生理解和掌握那些原先存在的问题，并让学生得以补充他们的知识缺失。

⑥再测验。经过针对性的矫正教学后，对学生进行第二次测试以评估其掌握情况。在掌握学习过程中，测验和矫正是至关重要的环节，它们的质量和效率决定了学生能否成功掌握学习内容。

三、掌握教学模式的应用案例

案例：金属和金属材料单元复习课

第一阶段：教学准备阶段。在教学准备阶段，可通过提问了解学生对金属的物理性质、化学性质和冶炼原理等知识的掌握情况。

第二阶段：确定课时目标，展开复习指导，进入课堂教学阶段。确定课时目标后，教师需要通过适宜的复习任务来展开复习指导，引导学生归纳出本单元的知识要点，并绘制本单元的知识结构图。这有助于学生熟记本单元的重要知识，为接下来的教学打下基础。

第三阶段：检测复习效果即测试。测试题应简短，涉及本单元的基本概念和基础知识，并有助于发现学习中存在的问题。例如，要求学生写出铝、镁、铁、锌与盐酸和稀硫酸反应的方程式，并描述实验现象；写出铁、铝分别与硫酸铜溶液反应，铜与硝酸银溶液反应的方程式，并描述现象。

第四阶段：讲评也即矫正。回收随堂练习，了解学生完成情况并针对典型问题和错误进行精讲，揭示知识本质和联系，为学生提供第二次学习的机会。

第五阶段：课后练习。根据学生所犯的错误和重难点知识，布置一定的课后练习。

四、掌握教学模式的教学评价

掌握教学模式适用于基础知识、基本概念、基本原理的教学，但不适用于开放式的课程，适用于可测量的课程，而不适用于艺术修养等无法明显测量的课程；适用于长期课程而不适用于短期课程。在学习评价方面，目标参照性评价是最重要的，包括诊断性评价、形成性评价和终结性评价三种模式的综合应用。学习是以教学目标的达成度作为掌握标准的，因此要精选和明确教学目标，并对其进行结构化和层次化分析。布卢姆将教学目标分为认知领域、情感领域和动作技能领域三个领域。每个领域中又分为不同的层级和亚目标。按照这些目标的顺序递进达成，就可以最终实现教学目标。例如，认知领域的顺序：知识→领会→运用→分析→综合→评价，又如情感领域的顺序：接受→反应→赋予价值→组织价值→形成品格。

第四节　范例教学模式

20世纪50年代初期，联邦德国各级学校开始注重提高教学质量，德国学者根舍因和克拉夫基等人提出了范例教学论。这一理论主张立足于问题解决学习和系统学习、形式教育和实质教育、教学主体和客体的统一，从而设想出范例教学的概念、意义、内容和方式。在范例教学法中，学生通过特殊（例子）来掌握一般。范例这个词源自拉丁语"exemplum"，意思是"好的例子"或"典型的例子"。德国瓦根舍因的范例教学利用精选教材中的示范性材料，让学生从个别到一般，掌握规律性知识，并发展其能力。范例教学的目的是通过选取蕴含着本质因素、基础因素的典型事例和范例，让学生掌握科学知识和科学方法，克服教材内容的烦琐，统一科学的系统性和学习者的主动性。

范例教学法强调在内容上要遵循三条原则：基本性、基础性和范例性。基本性原则要求学生掌握基本的知识结构，包括基本概念、科学规律和学科的基本结构。基础性原则则要求教学内容符合学生的智力发展水平，贴近他们的生活经验和实际，对于青少年而言，这些内容是打基础的。最后，范例性原则要求教师选取经过精选的、具有示范作用的基本知识进行教学，学生可以通过这些精选的范例来举一反三，掌握科学知识和科学方法。

范例教学的基本思想可以总结为四点。首先是教养性学习，即让学生获得连续起作用的知识、能力和态度，以达到不断受教育和培养的目的。其次是主动性学习，即将学生看作教学过程中的主体，调动他们的积极性，培养独立学习能力和问题意识。第三是发生的学习，将科学视为正在形成或已经形成的东西,注重创作和揭示科学事实结论的过程。最后是开放式教学,充分考虑学生的实际情况,引导他们进行独立的探究,激发学生的主动性和积极性,而不是单纯灌输知识。

一、范例教学模式的原则

范例教学模式旨在通过以典型材料为例,从个别到一般、从具体到抽象的过程,促进学习者的独立性,让学生形成认知的"岛屿",达到教养性学习的目标。教学中,从一些范例分析入手感知原理与规律,并逐步提炼进行归纳总结和迁移整合。范例教学重视学生的"问题意识",即主张教师在教学中要善于引导学生去发现问题;同时,也重视学生对知识结构的掌握,即主张教师要把每门学科的基本概念、基本原理以及其相互间联系的规律传授给学生。此外,范例教学还注重教育学的传统,即主张教师在教学中应注意各学科之间的联系和教育性教学。

范例教学模式应遵循基本性、基础性和范例性三个基本原则。

(一)基本性原则

强调教学要传授基本的知识结构和规律,包括基本概念、基本原理、基本规则、基本规律等,让学生掌握学科的知识结构。范例教学的核心是选用具有典型意义的范例。范例的基本性包含两个方面的内容:首先是所选的个例具有代表性,能够反映同一类内容的基本特征;其次是个例能够为学生提供整体认知材料,通过个例全面反映某一带有规律性的内容。例如,在学习酸碱盐知识时,教师可以选用盐酸和硫酸为代表,引导学生了解酸的化学性质。

(二)基础性原则

教学应从学生经验出发,以其实际为基础,让学生在学习中深化新经验。

（三）范例性原则

范例的重要作用在于其代表性、典型性和启发性，学生可以通过范例掌握知识的点滴，领悟到一般规律，实现知识的迁移和运用。

范例教学模式重视材料的筛选和组合，通过教授基础性、范例性的知识，使学生掌握学科的基本结构并提高思维能力。范例教学模式能够通过典型材料的举例，帮助学生理解和接受基础性、基本性的知识，培养独立思考和判断能力。然而，学习过程中，从个别、类似到普遍规律的认识程序并非唯一途径。克拉夫基也指出，不是"所有的知识都能够和需要通过范例形式来获得"。范例教学模式的挑战在于教材编排的难度，如何使各个课题与整个知识体系有机衔接是关键。

二、范例教学模式的操作程序

范例教学的教学过程分为四个阶段。

第一阶段，范例性阐明"个"的阶段。在第一阶段，教学目标是通过范例来阐明"个"的特征，也就是使用典型的事实和现象来说明事物的本质特征。这就要求教师需要仔细地设计和选择范例，让学生通过具体、直观的方式来理解和掌握知识。同时，教师需要准备好各种教学辅助手段，以激发学生的学习兴趣和动机。

第二阶段，范例性地阐明"类型""类"的阶段。在这个阶段，教师使用许多本质上与"个"一致的事实和现象来阐明事物的本质特征，范例性地阐明"类"。这一阶段的目标是帮助学生从个别的例子中理解和掌握更普遍的规律和原理。教师可以从已经学过的"个"案出发，探讨"类"似的现象，或者对个别事例进行归类，从而帮助学生理解和掌握更广泛的知识。

第三阶段，范例性地理解规律性的阶段。通过对"个"和"类"的分析和认识，帮助学生逐渐升华认识，达到对普通规律性的理解。同时，通过对"个别"认识的迁移，帮助学生把握"类"的概念。

第四阶段，范例性地掌握关于世界的经验和生活的经验的阶段。强调通过范例性的教学方式来掌握关于世界和生活的经验，从而提高学生对客观世界的自觉认识和能动性。表2-2反映了范例教学模式的基本程序。

表2-2 范例教学模式的基本程序

程序	目的	教师	学生
范例性地阐明"个"	要求通过"个别"典型的事例和对象说明事物的本质	精选设计范例，以具体直观的方法提出问题激发学生学习动机	产生学习心向，主动进行发现性学习
范例性地阐明"类"	从上述个案出发去探讨"类"似现象，或者对个别事例进行归类，对于在本质特征上相一致的许多个别现象做出总结，即学习的迁移	给学生提供进行独立自主学习的帮助。把学生从一个发现引导到另一个发现上去	通过对"个别"认识的迁移来把握"类"
范例性地掌握规律	揭示出在"类"背后隐藏着的规律	提供帮助，让学生的探讨一步一步深入	揭示发现规律
范例性地获得经验	把教学重点从客观内容转移到开拓学生的经验获得	帮助学生把获得的规律性认识转变为自己的经验	不仅深刻了解客观世界，而且加强行为的自觉性

三、范例教学模式的应用案例

下面以常见的酸作为案例来分析范例教学模式在化学教学中的应用。

案例：常见的酸

第一阶段：精选范例，范例性地阐明"个"的阶段

在范例教学法中，选择典型的、代表性的范例是一个关键步骤。在课题教学中，这个阶段要求教师以个别事实和对象为例来说明事物的本质特征。例如，在教学中，教师可以选择盐酸、硫酸这些个案作为例子，对其进行充分、彻底的探讨，让学生透彻地认识、真正地把握酸的性质，从而掌握酸类

物质的特性。

第二阶段：范例性地阐明"类"的阶段

在这一阶段中，学生需要将范例获得的知识和方法应用于探讨同类事物的本质特征，以达到对规律性的认识。这个阶段的重点是对许多本质特征上相一致的个别现象进行归类和总结。例如，在化学教学中，教师可以设计"迷宫"情境，建构化学迷宫，让学生观察盐酸和硫酸遇酸碱指示剂、金属、金属氧化物、碱、盐时产生的现象或发生的化学反应，从而认识到不同的酸具有相似的化学性质。这个学习过程是由"个"到"类"的转化，通过将许多个别事例归类和总结，学生逐渐掌握了同类事物的规律性特征。

第三阶段：范例性地掌握规律的阶段

这一阶段要求学生通过对"个"和"类"的分析和认识，达到对普遍性事物规律性的认识。在前两个阶段的基础上，提高到规律性的认识上来。教学应该以典型范例为基础，将个别事物抽象为类别，进而发现类别中隐藏的规律性内容。例如，在化学教学中，引导学生总结酸的五条化学性质，并分析其相似的原因。

第四阶段：范例性地获得关于世界与生活的经验阶段

在前三阶段的基础上，进行深化和升华，把客观的知识转化为生活经验，进而指导自己的行为。如在教学中，合适地得出结构决定用途的世界观认识。

四、范例教学的应用案例

（一）典型范例的选择

在范例教学中，选择范例时需要注意从学生的日常生活和教学大纲中选取具有典型性和代表性的事例，这些事例应该包含着根本因素、基本因素以及本质因素，以便让学生能够透过这些范例来掌握科学知识和方法，并激发学生学习的主动性。

(二)明确范例方式教学四个阶段的关系

通过范例教学，学生可以从个别到一般、从具体到抽象地获得最基本的内容和方法，并逐步提高对客观世界的认识。这一过程可以理解为迁移、归纳、实践三个阶段，其中实践阶段是最重要的，因为只有通过实践，学生才能真正掌握所学内容和方法，并形成自觉的行为。教师应当在每一节课中考虑三个方面的目标，即教养性目标、教育性目标和发展性目标，以确保教学的成功。

五、范例教学模式的教学评价

范例教学模式是对如今教学实践有着重要指导性意义的一种教学方法。过去的教材过于强调知识的系统性，而忽视了教材内容对学生发展的影响。新课程改革后，教材从生活中常见的事物入手，体现了范例教学的思想，强调教育性学习，将传授知识、发展智力与培养情感联系起来。

范例教学模式十分注重范例的选择，选取的范例必须具有代表性、典型性和启示性，可以反映学科整体和学生整体，使学生以点带面，触类旁通，从而掌握知识、提高能力和培养态度价值观。范例教学模式适合于主题式学习，可以促进学生的主体意识、问题意识、合作意识和探究能力的培养。

第五节 问题解决教学模式

建构主义教学模式的基本思路是以问题解决为基础，通过解决问题来学习和建构知识。Hiebert 等学者明确提出，应该通过提供与学生现有知识经验相关联的问题来改革数学教学和课程。解决这类问题可以帮助学生发现其中的关系，理解其中的新侧面，形成深刻的、结构化的数学知识理解和可以迁移的问题解决策略。相较于传统的技能操练式教学，这种教学模式更能激发学生对数学的兴趣、态度和信念。Hiebert 在 1996 年提出的问题解决教学模式，旨在通过学生发现问题、形成认知冲突、探索问题并解决认知冲突,来使学生获得相应的图式和观念性理解,同时采用合作学习的方式。近年来,问题解决教学模式已受到建构主义教学改革的重视,成为最前沿的教学方法之一。在这一教学模式中,我们需要区分一些与问题解决教学相关的术语。

问题解决教学和问题教学是两个常被混淆的术语。问题解决教学不仅使用问题进行教学,更强调问题的解决过程。而问题教学强调的是使用问题作为教学途径和媒介。因此,两者侧重点不同。在医学教育领域中,问题解决教学主要指实际问题,而问题教学则是指教学问题。在基础教育中,我们应该注重问题的质量和性质,避免使用虚假问题,而使用对学习者有意义的问题,能够激发学习者的学习兴趣和愿望。

问题解决学习和探究学习是两个术语,虽然词汇不同,但本质上都以问题为核心,注重培养学生的探究能力,是当前我国基础教育新课程改革中提倡的教学理念。从问题的开放性和探究的层次来看,两者有很多相似之处,如问题分结构良好和不良,探究分部分探究和完全探究。但是,深入分析后,两者仍有一定区别。

从历史渊源来看,Dewey 的问题五步教学常被学者用于探究问题解决学习与探究学习。然而,进一步发展显示问题解决教学更倚重认知心理学研究成果,而探究教学则是发现学习的衍生。探究学习一词由芝加哥大学的 J.Schwarb 在 20 世纪 60 年代初正式提出。

从侧重点的不同来看,问题解决教学和探究教学在侧重点上存在差异。问题解决教学强调学生的主体性,注重培养学生问题解决过程中的认知思维等能力;而探究教学则更注重利用与学生经验有关的科学学科问题培养学生的主动探究能力和科学素养,重视科学研究的一般程序。在教师的角色方面,问题解决教学中教师的指导和启发作用更为明显,注重教师对学生学习的指导作用和师生之间的配合;而探究教学中教师的指导作用相对较少,更加强调学生的自主探究。在使用的范畴上,问题解决教学适用范围较广,而探究教学需要学生具备较高的思维和技能水平,因此更适合年龄较大的学生。

一、问题解决教学模式的教学原则

问题解决教学是结合了教育学和心理学研究的成果。它包括六条教学原则，即学生主体性原则、知识问题化原则、多维度合作性原则、探错容错纠错性原则、结构性原则和发展性原则。这些原则结合了教学理论和认知心理学研究的成果，并融入了教学实践。尽管这些原则不可能涵盖教学的所有方面，但它们可以指导和支撑问题解决教学的实践。关注问题解决教学的进程，让学生更好地培养认知思维和问题解决能力。

（一）学生主体性原则

学生始终是学习的主体，但学生的学习需要教师的指导。教师的教学是一种手段，其目的在于促进学生的学习。问题解决教学的主体性原则应该以学生的经验和兴趣为基础。

在教学设计时，应考虑到学生的认知和非认知因素。为了实现学生的主体性，必须根据他们的认知结构和思维水平来指导教学。教学设计应根据学生的学习兴趣进行，特别是对于低年级的学生来说更为重要。问题解决教学以问题为核心，如果所有问题都由教师提出，学生就会失去自己的主体性。然而，进行问题解决教学仍然需要指导，教师需要尽可能地考虑学生的需求和兴趣，逐渐提高学生的问题意识和提出问题的能力，以此来提升学生的主体性。学生的主体性体现在积极思考、充分吸收和主动构建上，而教师的主体性则体现在适时地引导、启发和促进上。

（二）知识问题化原则

教学中，问题解决信奉"知识的意义在于应用"，即通过解决问题来理解知识。教师在设计问题情境时，需要考虑到可能涉及的相关知识，并将其转化为问题。这就是知识问题化原则，它要求教师根据问题的特点来创造合适的问题情境，并将其贯穿于教学的各个环节中。在问题解决教学中，需要遵循多项原则以保证教学效果。真实性原则是问题解决教学中的一个重要原则，它要求教师不能提出虚假和毫无意义的问题，因为这样会让学生感到反感，认为学习没有意义。其次是可行性原则，不能为了形式而寻找问题，而应以问题解决为目标，始终围绕问题展开教学。最后为渐进性原则，这是问题解决教学中的一项重要原则。为了激发学生的兴趣和保证学习效果，教师在设计问题时需要考虑问题的难度，避免过难或过易的情况出现。为了帮助学生逐步提高解决问题的能力和兴趣，教师可以采用将问题分解为一系列小问题的策略，逐步引导学生解决问题，让学生感受到成功的喜悦和成就感。

（三）多维度合作性原则

问题解决教学通常采用合作学习的形式，以遵循多维度合作性原则。这一原则不仅涉及合作主体的多个维度，例如师生之间的合作、生生之间的合作等，同时也涉及合作形式的多样化，包括同伴互助、小组合作以及全员合作教学等多种形式。这些不同的合作形式不仅可以培养学生的合作精神和团队合作能力，也有助于激发学生的兴趣和潜力，提高学生的学习效果和质量。同伴互助指同桌两名同学之间合作，小组合作以小组为单位合作，全员合作则以全班同学和教师为合作对象。合作方式需建立在信任和个人责任基础上，让学生在自由平等、轻松互动的氛围中进行自我解释、讨论和辩论，促进思维碰撞、观点交流和生命对话，使思维从相遇、相撞到相容，从"互不认可"到"共识"。通过多维度合作学习的方式，包括师生之间、生生之间的合作等形式，能够创设一种有利于学生和教师共同发展的互惠互利的合作关系，这对于促进学生的学习和成长非常有益。

（四）探错容错纠错性原则

F.Bacon 是著名的经验主义哲学家，也被誉为"经验科学之父"。他曾经说过："选择使用一些不恰当或者是错误的词语会对理解造成极大的妨碍。"随着学界对于学习心理研究的深入，人们关注的焦点已从学生已知的内容转向学生未知或误解的知识领域。20 世纪 80 年代起，备择概念（Alternative Conception）成为学习心理学的研究热点。美国著名教育学者 Jerry Wandersee 曾指出："学生带进课堂中最重要的是他们自己的概念。"因此，我们不能将学生视为白纸，而应根据他们已有的知识和观念进行教学调整，以更好地促进学习。为了更好地进行问题解决教学，教师需要具备容错心态、纠错信心以及探错意识。调查显示，学生更愿意得到适当的提示和指导，而不是被简单地指出错误。因此，教师应该鼓励学生尝试和探索，同时提供指导和支持，帮助他们克服困难和错误，从而实现学习目标。这种教学方式可以增强学生的自信心和学习动机，使他们更加积极地投入到学习中。在这一过程中，教师应该避免呈现出权威者的形象，而是成为学生中的一员，成为"平等中的首席"。作为咨询者与促进者，教师要鼓励学生大胆发表意见和见解，尊重每位学生的想法，给予他们心理上的安全感和精神上的支持。通过建立与学生之间充满信任、热爱的关系，每一位学生都能够亲身体验到发现错误和纠正错误的喜悦和成就。

（五）结构性原则

为了更好地促进学生的问题解决能力和知识应用能力的提高，教师需要让学生认识到知识不仅是一个抽象的概念。

在教学中，除了关注学科知识的传授，也要重视知识的应用条件和方法，让学生能够理解并建构属于自己的"活的知识"。问题解决教学注重解决问题，因此与传统以学科知识为主线的教学有所不同。为了弥补问题解决教学中知识系统性不足的缺陷，可以辅助使用概念图进行教学，以确保知识的系统性和连贯性。目前，概念图技术在中国教育领域的应用较为有限，教师可以主动使用概念图，让学生了解其重要性，并在组织学生讨论的基础上引导他们补充和完善概念图，以提高学生的参与度和创造力。

（六）发展性原则

问题解决教学旨在通过学生的问题解决认知过程，积极地去更新、纠正、完善我们原有的认知结构，并加强不同认知结构之间联系的密集度和强度。研究表明，学生在感兴趣、身心状态最佳、教学内容多样化、面临理智挑战、发现知识个人意义、自由探索创新、被鼓励和信任、有高自我期许、学以致用、充满信任和热爱教师等情况下学得最好。教学的最终目标是让学生学得更好。因此，基于多重表征的问题解决教学原则旨在通过协调好教与学、师与生的关系、充分体现学习者的主体地位、促进其主动学习和建构等特点，为学生创造平等合作的氛围，并通过多重表征模型的指导，让学生更好地学习，让教育更好地服务于学生。

二、问题解决教学模式的操作程序

在学术界，关于如何提高学生问题解决能力和进行思维策略训练存在两种不同的观点，并引起了激烈的争论，其中以数学学科的问题解决为例。一种观点认为应该开设专门的思维能力训练课程，以提高学生的思维水平，进而迁移到数学问题解决中，例如 Debono 的学思维教程、Covington 等人的创新性思维教程、Rubinstein 的问题解决模式、王晓平的智力培养研究以及张绪扬的思维能力培养研究。另一种观点则认为应该结合数学学科问题来开展相关的问题解决思维能力培养和研究，例如，Mayer 提出了解决数学应用题思维过程的四阶段理论；Lewis 提出了语句表征训练；刘电芝的研究提高了小学生的解题能力。研究结果显示，第一种策略训练只能提高智力或能力测验分数，对学科问题解决能力的提高无直接帮助；而第二种结合学科问题的训练则能显著提高学科问题解决能力。即使学生理解某一策略，也不能保证能在实际解决问题中正确使用。因此，问题解决教学必须在具体学科情境中进行，离开学科问题情境就像离开思维的依存环境。

学者们一直在研究问题解决教学模式，出现了多种不同的模式。除了 Polya 的四阶段模式外，还有 Dewey 的五阶段模式，包括感觉问题存在、确定问题性质、提出可能解决办法、考虑结果、选择一种解决方法；G.Wallas 的四阶段模式，包括准备、沉思、灵感和验证；以及 Bransford 和 Stein 的五步模式，包括问题识别、问题表征、策略选择、策略应用和结果评价。这些模式实际上是个体在解决问题时可能采用的步骤、阶段或过程，根据个体的心理认知程序进行分类。问题解决教学模式则是根据这些问题解决模式在教学中的具体应用而来。

问题解决教学模式通常都基于相应的心理认知模式，如 Dewey、当代美国以及巴班斯基的问题解决教学模式。这些模式均包含一系列步骤、阶段或过程，以指导学生在解决问题时采取正确的认知策略。教学设计专家们也开始提出问题解决教学设计模型，例如基于信息加工理论和建构主义理论的两种不同类型的问题解决教学模型。从教学设计角度来研究问题解决教学模式拓展了研究的视角，并且这些模型可以帮助教师在教学中更好地指导学生解决问题。

三、问题解决教学模式的应用案例

案例：燃烧与灭火

第一阶段：课堂引入。让学生观看视频并找到火的身影，举出生活中利用火的例子。这一阶段通过创设问题情境，让学生感受到火在人类社会发展中的重要作用，激发学生的兴趣。同时，利用学生已有的知识和经验，作为新知识的起点，在问题情境中引入新课程，体现出了问题解决教学模式中学生主体性原则。

第二阶段：燃烧知识的学习。通过问题链的环节来提升学生的思维深度，让其产生认知冲突，从而提高学生的认知水平。这种方式给予学生自由的思维空间，帮助学生深入思考，进一步理解和认识已有的概念，符合问题解决教学模式中知识问题化的原则。

问题链。

①这些现象是燃烧，那么燃烧应具备什么特征呢？

②学生对燃烧现象的认知存在差异，有的认为发光就是燃烧，有的认为放热就是燃烧，这是否意味着发光放热的现象一定是燃烧呢？

③有同学说电灯的发光放热不是燃烧，能解释为什么不是吗？

④那么怎样进一步完善燃烧这个定义呢？

⑤同学们的观点主要包括可燃物、氧气、温度三个条件，但是是否缺一不可还是只要其中的一到两个就可以引起燃烧，仍需进一步讨论。

第三阶段：教师可以给学生展示济南奥体中心和上海商学院宿舍楼火灾的画面，让学生了解火灾的严重危害。通过问题链的方式，引导学生从感性认识升华到理性认知，讨论灭火方法与原理，加深学生对于燃烧条件和灭火方法的理解。这一阶段的教学模式，体现了知识问题化原则和多维度合作性原则。

问题链。

①能不能举一些生活中灭火的例子呢？

②如果森林着火，通常有哪些办法？

③想一想，以上这些灭火方法分别利用了什么原理呢？

④砍去一些树木其实就是开辟隔离带，那么以上这些灭火方法利用了什么原理呢？

⑤我们已经了解到，燃烧需要三个条件：可燃物、氧气和达到着火点。灭火时采用的方法一般包括三种：降温、隔绝氧气和隔离可燃物。那么，是否需要同时使用这三种方法来灭火呢？让我们一起探讨一下。

第四阶段：课堂小结。总结了经典的"火三角"图形。只要破坏其中任何一个条件，就能够阻止燃烧，从而使火灾得到扑灭。通过对比分析，可以进一步加深学生对燃烧条件与灭火方法的理解，让他们明白防患于未然、消防安全意识的重要性。这也体现了问题解决教学模式中的结构性原则。

四、问题解决教学模式的教学评价

传统的教学模式往往只关注知识和技能的传授，而很少关注学生是否具备问题意识。这种模式丧失了问题解决的价值，因为在这种教学中，教师和学生看到的只是知识，而看不见问题。然而，问题的产生与解决是学生发展的重要组成部分。在美国，教育家们认为学生不仅应该在课堂中产生问题，还应该在课堂之外继续思考并提出更多的问题。因此，一个重要的评估教学成功的标准是学生是否有了相关问题。通过问题解决的教学，可以激发学生的好奇心，培养他们提出问题的意识和能力，满足孩子们天生的求知欲望。这种教学模式不仅有利于学生的学习和成长，还可以帮助他们成为能够主动思考的真正的人。

问题解决教学是一种重要的教学方法，它能够帮助学生在教师的指导下进行自主探究和意义建构，扩展和修正他们的认知结构，成为更主动的认知主体。通过问题解决教学，教师不仅可以评价学生的学习成果，还能够及时评价和反馈学习过程，实现过程和结果的双重评价。这种教学方式强调问题的作用，能够激发学生的好奇心和探究欲望，提高他们的问题意识和问题解决能力。

问题解决教学是一种需要教师进行创造性设计和积极实施的教学方式，能够促进教师的快速成长和发展。与传统的教学方式不同，解决教学需要教师根据学生的实际情况进行详细的分析，并进行教材的重新设计，以问题为主线、以解决问题为导向，来制定教学方案。在实施问题解决教学的过程中，教师需要调用多种学科和教育学知识，以确保每个教学环节的有效实施。问题解决教学的实施将会对教师的综合素质提出更高要求，但同时也能够带来新的领悟和体验，让教师不断成长和发展，最终成为具有先进教学观念和独特教学风格的优秀教师。

第六节　概念转变教学模式

概念转变研究旨在探究知识建构的过程，揭示学生错误概念转变的规律。学习是一个由原有概念向科学概念转变的过程。为了帮助学生实现概念转变，教师需要进行概念转变教学。在教学中，教师需要了解学生的学科知识和经验背景，找出学生存在的错误概念，并创造具有认知冲突的情境，引发学生进行概念转变学习。要有效地转变学生的错误概念，仅仅传授"正确"的概念是不够的。必须在具有激励性的情境中，让学生的前概念与科学概念发生激烈的碰撞，才能解决前科学概念与科学概念之间的矛盾冲突，实现由前科学概念向科学概念的转变。需要注意的是，概念转变理论中的"概念"与心理学中的一般定义有所不同。在概念转变理论中，"概念"指的是一种观点、信念或看法，是关于某一对象的看法，而非心理学中的一类共同特征的符号。因此，概念转变也被称为"信念转变"。

一、概念转变的方式和途径

Tyson 等人提出了一种按转变水平分类的模式，该模式将概念转变分为两类：充实和重建。充实是指增加或删除概念，包括区分、合并以及增加层级组织。而重建则是指创造新的结构，以便解释旧的信息或者阐述新的信息。重建又被细分为弱势和强势，弱势重建是指在某一概念或概念结构内部进行重组，而强势重建则考虑到理论中的变化，类似于科学史中理论的改变。特殊领域的重建形式无论是弱势还是强势的重建形式，都涉及特定领域理论的重建。

全局性重建是一种特殊的重建类型，它最典型的表现是儿童认知发展中知识结构的变化。根据皮亚杰的理论，儿童认知发展的最显著特征是阶段性的全局性重建，即儿童的认知结构在不同阶段发生全面的变化。这种重建要求结构中的变化，而这种结构决定了儿童可以利用的表征方式的性质。根据皮亚杰的理论，儿童的认知发展经历了四个主要阶段，分别是感觉运动阶段、前运算阶段、具体运算阶段和形式运算阶段。全局性重建对儿童在各个领域中获得知识的能力都有影响，因此是一种重要的重建类型。

杜伊特基于建构主义思想将概念转变学习分为连续途径和不连续途径两种。连续途径试图避免不连续途径中需要对已有概念进行重新解释或改变结构的重建需求。在连续途径中，重点在于协调概念变更和目标概念。科学概念和原理的解释不一定从学生建构的概念开始，有时可以从某些问题领域中的部分知识类比出发。不连续途径则需要通过认知冲突来重建学生已有的概念，使其能够理解与科学概念完全不同的概念。皮亚杰认为，认知冲突有三种情况：当学生的预测与经验结果相反，当学生的观点与教师不一致，以及当学生之间的观念不一致。认知冲突策略利用认知冲突产生的不平衡引起学生的同化和适应，直到建立新的平衡。认知冲突激发了学生的探索心和求知欲望，促进了学生的认知结构同化和适应。因此，引发认知冲突是激励学生概念转变学习的契机和条件。

二、概念转变的模型

学生头脑中的概念转变机制是什么？这一过程类似于皮亚杰的同化与顺应机制，与库恩提出的科学发展中的范式转换相似。概念转变模型最初由波斯纳等人提出，基于皮亚杰的认知建构主义理论和库恩的科学史与科学哲学的观点。该理论认为，为促使学生产生概念转变，需提供下面四个基本条件。

（一）学习者对当前的概念产生不满

当学习者面临新的信息或事实时，只有当这些信息与其原有概念产生冲突时，才会尝试去改变原有概念。即使看到原有概念的不足，学习者也可能只做出一些小的调整。当学习者无法用原有概念解释或理解新的信息或事实时，就会出现认知冲突，从而引发对原有概念的不满和改变。

（二）新概念的可理解性

为了有效学习新概念，学习者需要深入理解其含义，而不仅仅是浅显地理解表面意思。他们需要将不同的组成部分联系在一起，建立起全面和一致的表征。

（三）新概念的合理性

学习者需要确信新概念的合理性，与其已有的其他概念和信念相互一致，而非相互矛盾，从而可以对这些知识重新整合。这种一致性包括：与个体的认识论信念一致；与个体已有的理论知识一致；与个体的经验一致；与个体的直觉一致等。只有当个体相信新概念是合理的时，才会将其视为真实的，从而在其信念体系中加以应用。

（四）新概念的有效性

为了让学习者接受新概念，他们需要认识到这些概念的价值和好处。这些新概念能够解决以前无法解决的问题，并为他们提供新的视角和思路，具有启发性。学习者需要认为这些概念是有用的，并能够更好地解释某些问题，以便更愿意接受它们。

概念的可理解性、合理性和有效性之间存在紧密联系，而且严格程度逐步升高。人们需要先对概念有一定的理解，才能意识到它的合理性；而理解其合理性则是认识到其有效性的前提。这三个方面被称为概念的状态，也就是可理解、可接受和可应用的三种状态。当学习者对概念的状态有更深的认知和应用时，他们更容易接受新的概念并将其融入自己的知识结构中。概念的三种状态是个体对于新旧信息整合过程的元认知监控。波斯纳提出了四个条件，如果满足这些条件，学生所持有的错误概念就可能被科学概念所替代或改变。需要注意的是，新概念的状态以及原有概念的状态都会对概念转变产生影响，并且这两者是相互作用的。

三、概念转变教学的策略与操作程序

教学策略可以帮助学生进行概念转变，这些策略可以分为两类。第一种策略基于认知冲突和解决冲突的理论，鼓励学生积极参与知识的重组和重构。第二种策略则利用比喻、类比和其他技巧来扩展学生原有的知识框架，以便更好地理解和应用新概念。这两种策略的重点不同，第一种强调学生的主动调整，而第二种则侧重于教师的干预和指导，为学生提供新思维的支持和引导。

（一）以认知冲突和解决冲突为基础的教学策略

为了促进概念转变，许多教学过程采用认知冲突策略。这些过程通过创造情境来澄清学生对某些现象的观念，并通过挑战这些观念引发认知冲突。通过尝试解决冲突，学习者能够为后续学习提供前提条件。

（二）以发展学生与科学观点相一致的认识为基础的教学策略

这一教学策略是以学生现有的观念为基础，通过教学使其观念向科学认识发展和拓宽，与引起冲突并解决冲突的教学策略不同。

针对认知冲突策略的教学，纳斯鲍姆和诺维克于1982年提出了概念转变的 3 步教学策略：①教师的首要任务是弄清学生已有的前科学概念。为了揭示学生已有的观念，教师可以采用谈话法、实验法、概念图等方式。尽管进行个别访谈是了解学生已有观念的最好方法，但它需要大量时间。因此，在课堂上设计实验，观察学生的反应来了解学生的已有观念也是一种有效的方法；②引入与前科学概念不同的新概念。根据波斯纳提出的概念转变模型，学生已有的科学概念与新的概念产生冲突是促进概念转变的关键。因此，引发认知冲突是纠正学生错误观念的有效教学策略之一。这种方法可以通过合作学习中的讨论和对话来实现，也可以利用特定的文本来引发认知冲突。③教师应该鼓励学生对新观念进行探讨和评价，形成新的观念图式。通过提供实证证据和进行讨论，教师可以帮助学生理解新概念并将其融入已有的知识框架中。教师还应该提供支持和帮助，使学生能够同化新的概念并重新组织自己对问题的认识。

克莱门特提出了一套类比教学策略，旨在帮助学生扩展有益直觉的应用范围并减少有害直觉的应用范围。该策略假设在学生掌握定量规律之前，先提供机会建立对现象的定性直觉理解，并利用学生原有的直觉知识建立"靶例"和"锚例"之间的类比关系。这有助于促进学生的概念转变。在建立类比关系时，使用"架桥策略"非常有用。布朗和克莱门特提出的架桥策略包括四个步骤：

（1）创设靶子问题，提供符合学生直觉的类比例子作为"锚例"。

（2）教师可以提供一个符合学生直觉的类比例子，也就是所谓的"锚例"，它是一个初学者持有的与已有理论基本相符的信念，可以是明确的，也可以是隐含的。

（3）教师要求学生在锚和目标事件之间做出明确的对比，并试图建立类比关系。

（4）如果学生无法接受这种类比，教师可以尝试找到一种或多种架桥类比，即在目标和锚之间插入概念化的中介物。

研究表明，该策略对于纠正学生在静态、摩擦力和牛顿第三定律等方面的错误观念非常有效。实验组在运用这种策略后，其测验成绩明显优于控制组。在 2004 年，该策略被进一步发展为"架桥表征"。

四、概念转变教学模式的应用案例

初中学生在学习化学之前已经有了一定的生活常识，但其中不少认知是不完整或错误的，因此化学教学应该尊重学生已有的认知，通过教学活动引导学生从前概念向科学概念转变。以质量守恒定律为例，阐述概念转变理论（波斯纳的概念转变模型）在化学教学中的应用。

第一阶段：呈现事实，引发对原有认知的不满

教师引导学生讨论白磷燃烧实验前后质量的变化。学生根据自己的日常生活经验和已有认识提出了各种可能性，包括白磷燃烧后质量可能会变小、不变或变大等结论。为了验证这些观点，教师进行了一个实验演示，将白磷放入一个广口瓶中进行燃烧实验。结果，通过天平读数可知，白磷在燃烧前后的质量并没有发生变化。这个实验结果引起了学生的兴趣和好奇心，因为实验的事实与他们的已有认识产生了冲突。学生开始思考他们之前的认知，了解到需要进一步学习，以更好地理解化学科学概念。

第二阶段：新概念的可理解性

进行小组实验探究铁钉与硫酸铜溶液以及盐酸与碳酸钠粉末反应前后的质量变化，引导学生观察实验现象。学生得出结论：两个化学反应前后的物质质量总和相等。教师引出质量守恒定律的概念，根据同学们的实验事实可证明质量守恒定律。该定律指出参加化学反应的各物质的质量总和等于反应后生成的各物质的质量总和。实验推理得出科学概念，增加了新概念的可理解性，反映了化学原理。

为了让学生真正理解新概念，需要多次实践推动。教师可以提出问题，例如：将盐酸与碳酸钠反应的容器从锥形瓶换成烧杯后，天平是否仍会平衡？通过实验，学生得出结论：反应后物质的总质量变小。教师可以进一步解释质量守恒的概念，帮助学生理解其真正内涵，提高新概念的可理解性。①"总和"表示包括各种状态的反应物和生成物，例如沉淀和肉眼看不见的气体也应考虑在内。②化学反应中各物质质量总和并不是任意质量之和，未参与反应的物质质量不能计算在内。这种认知矛盾的解决能够加深学生对概念的理解。

第三阶段：概念的合理性

在化学学科中，概念有其产生的微观原因。教师可以向学生展示质量守恒定律的微观原理，即在化学反应中，化学反应前后的原子种类不变，原子数目、质量均不变。因此，反应前后各物质的质量总和必然相等。这样可以让学生接受新概念的合理性，并与已有的原子、分子的知识相结合，深化对概念的理解。当学生看到新概念与已有概念相互一致时，就会相信新概念是真实的，进而增加了对概念的理解。

第四阶段：概念的有效性

问题1.有人说他能点石（主要成分$CaCO_3$）成金（Au），他的说法是否有科学道理？

问题2.镁条在空气中点燃，完全燃烧后称量留下固体的质量，发现比反应前镁带的质量还要重。分析以上问题及原因。

通过概念应用练习，学生可以探索如何运用所学知识对生活和科学现象进行合理解释。当新概念能够顺利解决新问题时，学生会相信该概念的有效性，并将其整合到自己的知识结构中。这种实践性的学习方法可以加深学生对概念的理解和应用，同时也能提高学生的兴趣和参与度。

在课堂上，通过呈现概念转变的四个条件，可以使学生从已有的前科学概念逐步发展为科学概念。这种针对学生已有认知的教学方式可以更有效地改变原有的概念。

五、概念转变教学模式的教学评价

概念转变理论强调经验与现有概念的冲突与矛盾会促进知识的产生，学习就是概念转变的过程；同时也强调学生前概念在建构知识上的重要性，重视学生自主建构。这符合现今教育界提倡的由传授式转向学生自主探究的趋势，已成为当代科学教学改革的思想基础，并与我国新一轮基础课程改革倡导的自主学习、探究学习不谋而合。

概念转变理论的出现引起了对学生先前知识的重视，这是传统教学所缺乏的。传统教学中，教师对学科知识或概念的内涵与外延有深刻的理解，可以选择适当的教学方法和策略，但是当学生出现错误时，教师常常将其归咎于学生不认真学习。教师往往会忽略学生在概念理解过程中的认知发展，以为学生之前学习的知识都已完全掌握，从而设定教学目标。但是，这种做法会使得教学与学生实际情况脱节，教学目标的设计和教学努力都会事倍功半。

根据概念转变理论，学习不再是单纯地接受知识，而是一个概念改变的过程。教学也不再是单纯地传递知识，而是师生共同协商所学概念的过程。在这个过程中，课程不再是被动的学习材料，而是促进学生重新建构概念的资源。科学学习就是一个概念转变的过程，科学教学也应当促进学生进行概念转变。因此，应将概念转变作为基本的科学教学策略。

第三章 初中化学自主探究研究概述

毋庸置疑，探究是最根本的一种学习方式。只有通过探究才能获得最深刻、最生动的知识。然而，在初中化学长期以来的教学中，教师通常采用"讲授式"教学模式，即将自己在探究中获得的知识传授给学生。这种间接和被动的知识获取方式难以满足学生的实际需求，也无法促进学生对知识的深入理解。

随着新课程标准的实施，学生在课堂中的主体地位变得更加明确。为了巩固学生的主体地位，新课程标准鼓励学生在教学的全过程中发挥自主性，而探究活动则是学习过程中不可或缺的一部分。因此，"自主"和"探究"这两个理念越来越紧密结合，成为十分重要的教学策略。本章将介绍自主探究的背景和相关的基础知识，以帮助初中化学教师开展有效的自主探究活动，巩固学生的主体地位。

第一节 研究背景

一、教育改革背景

在 21 世纪的知识经济时代，科技发展迅猛，终身学习已成为人们必备的技能。因此，自主探究能力逐渐成为获取知识的重要手段和基本素质。培养学生的自主探究能力是顺应时代发展和促进学生终生发展的必要选择，也充分体现了以人为本的教育理念的需要。

当前的教育背景下，初中阶段的化学课程对学生自主探究能力有较高要求。《全日制义务教育化学课程标准（实验稿）》（以下简称《标准》）中已经明确提出："让每一个学生以轻松愉快的心情去认识多姿多彩、与人类息息相关的化学，积极探究化学变化的奥秘，形成持续的化学学习兴趣，增强学好化学的自信心。……给每一个学生提供平等的学习机会，使他们都能具备适应现代生活及未来社会所必需的化学知识、技能、方法和态度，具备适应未来生存和发展所必备的科学素养，同时又注意使不同水平的学生都能在原有基础上得到良好的发展。……注意从学生已有的经验出发，让他们在熟悉的生活情景中感受化学的重要性，了解化学与日常生活的密切关系，逐步学会分析和解决与化学有关的一些简单的实际问题。……让学生有更多的机会主动地体验探究过程，在知识的形成、联系、应用过程中养成科学的态度，获得科学的方法，在'做科学'的探究实践中逐步形成终身学习的意识和能力。"根据《标准》的要求，可以发现当前的初中化学具有以下一些发展趋势。

第一，课堂教学的目标已经转变。当前，随着科技和社会的发展越来越紧密，公众的科学素养已成为国家经济和国际竞争中不可或缺的因素。因此，国家已将培养学生的科学素养作为教育改革的根本目标，这种教育是面向全体学生的，与精英教育不同。因此，如何真正提高学生的化学学习能力成为初中化学教学中教师关注的问题。

第二，提供更加多元化的课程。在初中化学教学中，除了培养学生科学素养，教育者还需要面对学生发展的多样性。因为学生在成长过程中会逐渐呈现出不同的差异，所以初中化学教育需要提供更加多元化的课程。化学课程不仅需要实现学术性的目的，还需要面向更多人进行化学知识的普及，满足不同学生的需求。因此，化学课程需要设置更加丰富的内容，以此来激发学生的学习兴趣，让他们更加主动地参与到学习过程中来。

第三，通过学习方式的改变培养学生的创新能力。在知识经济时代，学习能力与创新能力已经成为学生必须具备的重要能力。然而，长期以来初中化学课堂的教学模式却更注重教师的授课，学生只是被动接受知识。显然，在这样的学习过程中，学生的主动性和独立性被忽略了，这无疑会阻碍学生学习能力的提升和创造性的发挥。因此，目前基础教育课程改革中一个重要的方向是改变学生的学习方式，从而激发他们的主动性和创新意识，以促进学生学习能力和创新能力的培养。

第四，营造更加真实的学习情境。营造真实的学习情境可以提高学生对知识的理解和掌握程度。《标准》指出，可供选择的学习情境素材主要是指教学情境的创设，如化学知识在日常生活中的应用、化学史料、化学相关的社会事件等。通过这些情境素材的创设，可以激发学生的学习主动性和积极性，使学生更深入地理解和掌握教学内容，更好地构建化学知识体系。

化学是科学教育中不可或缺的一部分。《标准》的改革旨在从学生和社会的需求出发，以科学探究活动作为突破口，发挥化学学科的优势，激发学生的主动性和创新意识。这样可以让学习化学知识和技能的过程变成理解化学、进行科学探究、联系社会实际和培养科学价值观的过程。

二、素质教育对初中化学教学的要求

"素质教育"是以全面发展为目标的教育，注重学生主体性和主动精神，以学生的性格为基础，更加注重开发学生的智慧潜能，强调健全人格的形成。它是对传统应试教育的一种纠正和改进，符合社会发展的实际需要。

在素质教育理念中，强调以人为本，是为了巩固学生的课堂主体地位。初中化学教学也应尊重学生的个体独立性，主体需求和责任。素质教育注重学生的全面发展，这使得初中化学教学目标发生变化。单一知识传授已无法满足要求，教育工作者应更注重学生学习意识、学习方法的养成，促进学生全面发展。

传统的应试教育存在许多问题，例如在教育结构、体制、方法、内容及人才培养等方面与现代化建设的需要有较大差距。在基础教育中，长期以来追求升学率的问题也导致了基础教育的根本属性和本质特征的偏离，违背了教育的基本规律，对教学规范和秩序造成不良影响，进而导致学生素质的片面发展。因此，现在的教育趋势是由应试教育转向素质教育。

三、初中化学教学特点

在教学过程中,教学方法和学习方式的选择应该根据具体的教学内容,充分了解学科和教学特点。就初中化学而言,主要目标是提供最基础的化学常识,并培养学生基本的化学思维能力,以科学的视角解释现象和问题,并树立科学的价值观。初中化学的教学特点主要表现在以下三个方面。

第一,在知识的构成上具有严谨的逻辑特征。初中化学作为一门以实验为基础的理工学科,主要研究的内容是物质的结构、组成、性质以及变化规律。初中化学的教学目标是为学生提供最基础的化学常识,培养学生最基本的化学思维,使学生能够站在化学角度对各种现象和问题进行解释,并树立更加科学的价值观念。初中化学的知识构成严谨、有序,教学内容由简入繁,从单一趋于广泛,学习过程从定性到定量再到两者相结合。教学内容侧重于对概念、方法的判断和理解,定性学习的成分比较多,难度也比较小。学习内容主要包括化学现象、基本概念、数学实验、化学反应、化合物、过滤、沉淀等。随着课程的深入,学生会了解原子、元素、化学价、化学式等物质世界的构成,并引导学生对一些化学反应进行定量研究。在学习过程中,通过对一些基本物质的介绍,如酸碱盐、金属、氧化合物等,使学生的知识基础更加扎实。初中化学的合理知识体系有利于学生化学学习能力的提升。

第二,对学生逻辑思维能力具有较高要求。在学习初期,由于教学内容与学生生活联系紧密,加上实验等趣味性教学方式,学生通常能够较容易地理解和接受所学知识。然而,随着学习深入,学生往往会面临学习思路混乱的困难。这主要是因为在学习过程中,化学问题往往伴随着其他学科知识的渗透,例如在分析铁的氧化过程时,需要根据实验条件和现象来判断是潮湿氧化还是燃烧氧化,然后通过辅助实验来确定生成物是 Fe_3O_4 还是 Fe_2O_3。因此,学生需要具备一定的逻辑思维能力来解决这些问题。

第三,课程安排比较紧凑。在初三阶段,学生需要在短短一年的时间内从零基础开始掌握化学知识。虽然素质教育不鼓励应付考试,但是中考成绩对学生来说非常重要。因此,教师需要合理安排教学内容,培养学生的学习能力,使他们能够理解和记忆化学知识,同时建立知识之间的联系。这需要教师采用合适的方式，使学生能够更深入地理解化学知识，从而提高他们的化学素养。

总之，在初中化学课程改革和素质教育的要求以及初中化学的教学特点中，都要求学生具备自主探究能力。因此，培养学生自主探究能力是初中化学教学中教师应该重点关注的问题。

第二节 自主探究的含义及特征分析

一、自主探究思想的起源

自主探究学习思想的研究在国内外经历了漫长的历史。在国外，古希腊时期的苏格拉底被视为最早提出自主探究思想的人。他主张教学是一种激发学生思维的过程，教师应该充当知识的助产婆，通过问答法引导学生自主探究问题的答案。此后，西方的心理学、哲学和各种教育理论逐渐成熟。在 20 世纪初，心理学家和教育学家开始通过理论阐述学生自主学习的重要性，并建立了有利于学生自主探究的教学模式。随着人本主义心理学的兴起和学科教育研究方法的变化，20 世纪 70 年代，越来越多的国家开始明确提出自主探究的教育主张，自主探究模式也因此成为解决多种教育问题的重要途径。

国内对自主探究学习思想的研究同样历史悠久。孔子在春秋战国时期就提出了"学而不思则罔，思而不学则殆"的教育思想，表达了积极主动学习的重要性。孟子也认为"君子深造之以道，欲其自得之也"，进一步强调了自主探究对于学习的必要性。在《学记》中，有这样的记载："学然后知不足，教然后知困。知不足，然后能自反也；知困，然后能自强也。"这一思想强调了自我评价和省察在自主探究活动中的重要性。朱熹也提出过"读书是自家读书，为学是自家为学，不干别人一线事，别人助自家不得"，这表达了个人独立探究学习的重要性。这些思想对自主探究学习的重视，为现代教育理念的发展提供了借鉴。

近代以来，越来越多的学者将中西方自主探究学习思想融合。著名教育家蔡元培提出了"尚自然，展个性"这一教学主张，多以启发式教学为主，鼓励学生自主研究。但总体来看，近代中国学校教育中的自主探究学习模式尚不成熟，完整的教学体系直到 20 世纪 80 年代后才开始形成。为缓解学生在有限时间内应对急剧增长的知识量的矛盾，20 世纪 80 年代以来，越来越多关于自主探究学习的模式被提出并应用于实际教学。这些模式的共同特点在于通过"先学后教"的教学程序来改变学生的被动学习地位，使其成为课堂学习活动的主体；教学组织上则强调实施"学生自定步调，教师异步指导"的方式；而在教学过程中，学生可以根据自身认知水平和知识基础自主探究任务，但在某一阶段需要接受教师的集中指导。这一阶段的自主探究思想对后来的教育模式产生了重要影响。在 20 世纪 90 年代，自主探究成为教育科学"九五"规划的研究重点，进入了更加系统的研究阶段。随着 21 世纪的到来，中国进行了第八次大规模的课程改革，其中"以学生为主体"的核心思想得到了强调，同时自主探究这种学习方式也被注入了新的内涵。

二、自主探究的含义

自主探究是一种现代化的学习方式，其主要特点是将学生作为学习活动的主体，通过自主探索、分析、实践、创造、质疑等方式来实现自主学习的目标。《基础教育课程改革纲要（试行）》（以下简称《纲要》）在阐述课程改革的主要目标时提出："改变课程实施过于强调接受学习、死记硬背、机械训练的现状，倡导学生主动参与，乐于探究、勤于动手，培养学生搜集和处理信息的能力、获取新知识的能力、分析和解决问题的能力，以及交流与合作的能力。"《纲要》对学生的自主探究能力提出了更高的要求，但并不全盘否定传统的接受式学习方式。在当前教育背景下，除了强调学生的自主探究，也需要考虑外界因素对学生的影响。具体来看，自主探究的含义可以体现为以下两个方面。

第一，自主探究是指学生自己对学习过程进行控制和调节的一种方法，其内在机制包括学生的能力、态度和学习策略等多个方面。自主探究的核心在于学生制定明确具体的学习目标，然后根据不同的学习内容选择不同的学习方式，比如探索、实验、解决问题等等。同时，自主探究还需要对学习结果进行评价和判断，这有助于学生形成对自己学习过程的全面认识和对学习效果的合理期待。

第二，自主探究是指学生在学习中拥有对学习方法、目标和内容的控制权，同时也需要教师提供较高的自主程度和自由选择宽容度。在这个过程中，教师需要平衡学生自主探究和整体教育目标之间的关系，使得学生的自主探究能够服务于整体教育目标，而不是与其相矛盾。

三、自主探究的特征

（一）教学角度

实现自主探究学习模式需要教师转变传统的教育理念和模式，改进教学方法，并确立以学生为课堂主体的意识。在这个过程中，教师扮演多重角色，不仅仅是知识的传授者，还是课程开发者、教学环境设计者、学生学习过程的促进者与合作者、学生学习的引导者与组织者以及知识的管理者。在自主探究学习模式中，教学过程的特点主要包括以下几个方面。

1.组织与引导性

在自主探究学习模式中，教师的角色发生了重大变化。教师不再是传统的知识传授者，而是学生学习过程的组织者和引导者。教师需要适当地调节自己的教学活动和学生的学习活动，引导学生走向正确的学习方向，并提供有效的自主探究方法。此外，教师还需要根据学生的知识基础和认知水平提供相应的指导，这些因素对学生的自主探究质量具有重要影响。

在自主探究学习模式中，教师的角色变得更加重要和多样化。教师不再是传统的知识传授者，而是学生学习过程的组织者和引导者。为了促进学生自主探究和实现学习目标，教师需要提供指导和支持，帮助学生确立学习目标、搜集和利用学习资源、设计有效的学习方式、保持积极的心理状态、深入理解所学知识的意义和价值、对自己的学习过程和结果进行评价等。同时，教师还需要具备组织和引导的能力，指导学生发现问题、提出解决方案，并鼓励他们在实践中学习和成长。

2.促进与激励性

自主探究是学生自主学习和探索的过程，其学习效果受到学生的学习态度的影响。因此，教师在组织自主探究时，应扮演促进和激励学生的角色，并注重适当的调控和评价。在调控方面，教师应及时给予学生准确的指导，引导学生自我调节和探索，以使学生更积极地参与到学习中来。在评价方面，应采用形成性评价，注重对学生的探究过程进行评价，指导学生不断完善和提高自己的学习策略。只有这样，学生才能逐渐成为知识的自我建构者，更好地掌握知识，提高学习效果。

（二）学习角度

自主探究学习模式是一种与传统接受式学习模式相对应的新型学习方式，可以激发学生的主体意识，让他们更积极地参与学习。自主探究学习的主要特征有以下两个方面。

1.能动性与自觉性

自主探究学习模式最显著的特征是学生的主动性和自觉性，与传统教学模式中的被动性形成鲜明对比。学生在自主探究学习中的能动性主要表现为自觉和主动，这种能动性的实现需要建立在教师对学生的信任、尊重和重视学生主体意识的基础上。因此，自主探究学习模式可以被视为一种主动学习和自律学习的方式。

自觉学习是指在自主探究中表现出的规范性认知和自我约束性。通过自我约束和规范，学生可以更好地发挥自己的能动性，让学习过程更加自觉和自律。自觉学习有助于学生建立自己的学习目标和意义，让学生更清楚自己的学习行为所追求的方向。同时，自觉学习也可以促进学生持之以恒、不断进取，从而获得更好的学习效果。

为实现自主探究学习，需要重视学生的能动性与自觉性。每个学生都是独立的个体，有着自己的思想意识、价值取向和思维判断。因此，在自主探究活动中，学生应该通过积极思考，适当吸收和内化教师的指导，而不是被动接受。这样，学生能够重新建构自己的知识体系，实现自主学习。

2.独特性

在学习过程中，每个学生都有独特的观察、思考和解决问题的方式，这是他们个性的表现。不同的学习方式实际上是因为学生个性的差异。这些差异主要来自遗传和环境因素，如家庭和社会环境等。因此，在自主探究学习模式中，教师需要重视学生之间的差异性，包括学习速度、理解程度等方面，并以此为基础，积极引导学生形成更加独特的学习方式。通过个性化的教学，让每个学生都能够在自己的能力范围内达到学习目标，充分发挥自身的优势，从而实现学生的全面发展。

3.情感性

孔子曾说："知之者莫如好之者，好之者莫如乐之者。"自主探究学习不仅是一种方法和理念的改变，也是一个情感投入的过程。在自主探究活动中，学生应该通过适当的方式来保持学习的热情，这样学习活动就不会成为负担，而是变成一种愉快和享受的体验，从而提高学习效率。如果学生没有产生学习热情，那么他们会投入消极的情绪，特别是在遇到困难时，他们会更加退缩，影响学习效果。因此，自主探究学习应该让学习活动变得有趣，激发学生的兴趣和好奇心，使学生能够自发地参与学习，提高他们的主动性和积极性。

4.创新性

在自主探究学习中，创新被认为是一种更高级、更重要的学习层次，它建立在学习主体的好奇心基础之上，是通过对环境、事物、事件等内容的自我探究和认知而实现的。创新的关键在于学生能够在已有的知识水平基础上，创造出实践理念模型，用于指导实践并满足自我需要。这种实践理念模型基于对事物发展规律、事物真理的超前认知以及对自身内在需求的明确和强烈，通过创造性思维得以实现。创新既是对知识的深入理解，也是对所学知识的超越。在实践创新理念中，学生的知识被充分调动和激发，知识系统也得到重新组织，学生的目标价值得到充分张扬。

综上所述，自主探究学习模式的重要特征包括能动性、自觉性、独特性、情感性和创新性。这些特征都指向一个共同的思想，即学生是学习活动的主体，应该主导和完成学习活动。只有认可这种思想，才能纠正不合理的教学模式和手段，并不断提高教学质量。

第三节 自主探究的目的及意义

一、自主探究的目的

在当今的教育背景中，许多学者认为学生应该积极地构建知识，而被动地接收信息很难取得理想的学习效果。因此，学生必须选择性地对外界的知识刺激进行自主筛选，以便更有效地对当前事物的意义进行建构。教育家泰勒曾说过："学习活动的最终效果取决于学生自己做了些什么，而不是教师做了些什么。"因此，实行自主探究学习模式的根本目的是让学生能够掌握实用的学习策略，激发他们的求知欲望，并使他们的基本素质得到更全面的发展。具体来说，自主探究的主要目的可以概括为以下四点。

（一）培养学生的主体意识

在新课程改革中，教育界提出了两个基本理念，即充分关注学生发展和以学定教。这要求教师通过认真研究教学策略，激发学生的学习热情、提高学习效率，并以学生为中心设计教学活动。因此，组织自主探究活动的一个重要目的就是巩固学生的课堂主体地位，充分发挥学生的主体作用。

（二）培养学生的能动意识

学生的能动意识是学生自主探究能力发展中十分重要的方法、源泉和动力。教师应通过恰当的方式调动学生的学习热情，解决学生在学习中存在的厌学问题。此外，学生还应培养自控、自律、自省的心理素质。在自主探究活动中，学生不仅要将学习内容作为认识的客体，还要将自己视为认识的客体，对自己做出更加正确和客观的自我评价，从而进行自我调节、自我控制和自我激励。只有这样，学生才能在学习的全过程中发挥主观能动性，成为自己学习的主人。

（三）培养学生的独立意识

在教学中，教师最常用的教学模式就是"讲授式"，即教师传授现成的知识，学生仅需理解和接受。这样的模式让学生逐渐形成依赖心理。相比之下，自主探究学习模式需要学生更加自主地探索和反思，而教师只提供简单的引导，不再提供结论。因此，在自主探究学习模式中，从问题的发现到提出，从问题的分析到解决都需要学生自主完成。为了培养学生的独立探索精神，教师应从两个方面入手：第一，鼓励学生在学习中实现自我管理，包括合理安排学习时间、制定学习计划和完成学习任务。第二，通过个性化的自主探究来培养学生的独立人格和自信心，以实现个性化发展。此外，教师还应肯定学生的优点和长处，使其在自主探究活动中获得成就感，从而进一步强化其独立意识。

（四）培养学生的创新意识

当前社会的发展和学生个性的发展需要，使得培养学生创新意识成为教育中的重要任务。这也促使教学活动从过去重视智力和结论的培养方式中脱离出来，更加注重培养学生的能力和过程。为了达到这个目标，教师需要平衡两个关键的方面：第一，智力是创造力形成和发展的基础条件，但创造力的高低也与训练方式有关。因此，要通过适当的方式组织学生进行创造力的训练，锻炼他们的思维方式。第二，基础知识与技能同样是创造力形成的重要因素，所以要想培养学生的创新意识，还应该让他们掌握丰富的学科知识和技能。只有这样，才能通过创造性的思维方式将基础知识和技能转化为学生的创造力。因此，教师应该在教学中注重培养学生的智力和创造力，同时帮助学生掌握基础知识和技能，以促进学生创新意识的发展。

综上所述，在自主探究活动中，教师应采取恰当的方法，以激发学生的好奇心和求知欲，让他们更乐于思考，勇于表达自己的观点，积极参与各种创新活动，以掌握更加科学的学习方式。这将有助于提高学生的终身学习能力，并为可持续发展奠定良好的基础。

二、自主探究的意义

（一）顺应时代发展的需要

随着社会的发展和知识的爆炸式增长，传统的学习方式已无法满足现代生活和工作的需求。因此，终身学习的观念被越来越多地提出和重视。教育工作者应该认识到，在这样的时代背景下，自主探究能力已经成为学生生存和发展的基本能力。正如《学会生存》中所说："将来我们所知道的文盲将不再是那些不识字的人，而是那些没有学会怎样学习的人。"

（二）学生个体发展的需要

自主探究在学生学习中的重要性不可忽视。首先，通过自主探究活动，学生可以深入理解教学内容，从而提高学习质量，这也符合深度学习的特点。其次，自主探究是创新型人才必备的基本能力。调查发现，具有自律性、自主性、独立性的学生更容易在学习中表现出创造性。在过去的课程改革中，尚未对学生的自主探究能力进行系统培养，但是这并不妨碍学生在"中国大学生实用科技发明大奖赛"中获得奖项。因此，学生的自主探究能力对于提高学习质量和创造力都具有积极的影响。正如华罗庚所说："所有的发明创造都不是靠别人教的，而是需要通过自己的想和做才实现的。"由此可见，在这样的时代背景下，培养学生的自主探究能力已经成为教育工作者不可或缺的任务，这不仅对于学生的学习和未来职业发展有益，也对于社会的可持续发展起到了重要作用。

（三）教学模式变革的需要

随着新课程改革的深化实施，越来越多的教育工作者已经认识到了传统教育模式的弊端，并对学生的自主探究能力提出更高要求。相比传统的"接受式"学习方式，自主探究学习模式无疑更适合当前的课堂教学。课堂教学中的自主探究并不意味着学生随意行事，而是要求学生在课前充分预习，在课堂积极参与，在课后及时复习，将"要我学"转变为"我要学"，从而充分发挥学习的积极性和主动性,提高课堂学习效率。

总之,自主探究能力的培养对于个人和社会的进步都至关重要。为此,教师需要转变教育理念和教学方法,为学生创造有利的条件来培养他们的自主探究能力。

第四节 自主探究的理论基础

一、教育心理学基础

(一)认知心理学

认知心理学的兴起是为了反对行为主义心理学,尤其是批判行为主义所研究的"空洞的有机体"。认知心理学主张环境和个体相互作用时,个体对环境会产生作用,环境并不会决定人的行为。学习中的心理结构决定了潜在刺激对个体的影响。因此,认知心理学认为学习过程从本质上是学习者内部心理的改组,而非刺激和反应的联结。基于这个观点,衍生出了一些具体的理论主张,具体如下。

1.理智发展的教育目标

布鲁纳认为,教育的一个重要目标是促进学生智力发展,同时要注重教育质量和合理目标。教育的意义不仅在于培养成绩优异的学生,更重要的是全面促进学生能力的发展。实现这个目标的具体步骤包括:激励学生在自己的猜想中发现价值和可修正性;引导学生树立解决问题的信心;引导学生自我促进;培养学生理智的诚实。

2.动机—结构—序列—强化原则

认知心理学通过动机—结构—序列—强化原则将其理论运用到教学过程中。首先是动机原则,认为教师应该激发学生的好奇心和探究热情,调动学生的探究欲望,进而促进学生的智慧发展。其次是结构原则,教师应发挥引导作用,加强教学内容与学生已有知识之间的关系,匹配知识结构和学生的认知水平。然后是程序原则，学习内容的呈现顺序应尊重学生的实际情况。最后是强化原则，教师应逐渐将强化从外部奖励向内部奖励转变，避免学生产生依赖心理。这些原则能够有效地帮助教师更好地指导学生的学习，充分发挥学生的主观能动性，提高学生的学习效果和智慧发展水平。

3.发现教学法

发现教学法是认知心理学中的一个重要观点，它认为学生是信息加工的主动者，而不是被动接受知识的对象。因此，教师的任务应该是为学生创造一个学习环境，而不是提供整理好的知识。布鲁纳大力推崇发现教学法，注重学生内在动机、直觉思维和学习过程。通过发现教学法，学生可以更好地掌握知识，而不是简单地记忆和重复教师所讲授的内容。

（二）建构主义理论

建构主义理论是认知主义的一种延续，但也注入了新的内涵。该理论的基本观点包括以下三个方面。

1.知识观

建构主义理论认为，知识不仅仅是客观世界的真实反映，而是人们对世界的一种主观假设或解释，随着认知程度加深，知识的理解也会不断变革。因此，解决问题需要根据情境对知识进行再创造或加工。即使是已被认同的知识，学习者的理解也受其知识经验和特定情境影响。因此，教育者应帮助学生理解其经验和环境，并鼓励其在学习中参与交互、合作和探索，以建构新知识。

2.学习观

建构主义理论强调学生在学习过程中的主动性，认为学习实质上是学生自己进行知识建构的过程。与认知主义相似，建构主义的学习观认为学生并不是被动地接受信息，而是在以自己的知识经验背景为基础的情况下，主动地对外部信息进行选择、加工和理解。学习者会对已经接收的信息进行解释，生成个人对信息意义的主观理解。但由于不同学习者头脑中的知识经验是不同的，因此在学习过程中，学习者调动知识经验时会出现差异，导致信息的解释不同。

3.教学观

建构主义教学观认为教学不仅仅是教师单向传递知识给学生的过程，学习者也不是仅仅通过教师的讲解获得知识，而是需要在特定情境下，通过与他人的互动、使用教学资源等方式，主动地构建个人的知识结构。因此，在教学中，教师需要将学习者已有的知识经验作为新知识的基础，鼓励学习者积极探索、思考和提出问题，并与他人共同协作解决问题，进一步加深对知识的理解和运用。教师的角色不是简单地传授知识，而是引导和支持学生的学习活动。同时，学习者也要主动地参与到教学过程中，积极与他人交流和合作，共同建构知识。

由此可见，建构主义理论将学生视为学习过程的中心，强调学生在学习中的主动发现、探索和建构知识的意义。为了更好地解释教学过程的本质，建构主义提出了两个基本要素：教学情境和协作共享。教学情境是指教师在设计问题、营造环境等方面，为学生创造有利于知识建构的教学环境。而协作共享则强调社会性互动的重要性，教师应引导学生适当地交流和讨论，建立教学群体，让每个学生的智慧和思维得以分享，以促进知识的建构。写作也应贯穿于教学的全过程中，这也是建构主义的核心概念之一。教师应将学生原有的知识经验作为新知识的生长点，引导学生从已有的知识中主动建构新的知识。

（三）人本主义理论

人本主义理论强调人的积极本质和价值，强调将人作为整体进行研究，反对将人的心理分割为不完整的部分。同时，人本主义认为应该关注人的高级心理活动，如尊严、信念和热情。在全人教育的角度下，人本主义提出了两个重要的观点。

1.以人性为本的教学目的

人本主义理论强调了人的积极性和内在价值，并认为个体的学习过程应该尊重其独特性和自我实现的需要。虽然环境可以对个体的成长产生影响，但人的行为是基于其内在情感和意愿做出的自主性选择。教育的根本目的是帮助学生实现个体性的发展，而教师应该引导学生明确学习的目标和内容，创造适宜的学习环境，使学生能够发现知识的意义和价值。马斯洛认为学习过程是一个人潜能充分发挥和人格充分发展的过程，学习的过程首先要满足学习者最基本的需要，然后要注重学习者的自我实现需求。因此，教师应该创造一个积极的学习氛围，激发学生的自主性和学习兴趣，帮助他们充分发挥潜能，实现个体的发展。

2.彰显主体的教学过程

人本主义强调"以学生为中心"的原则是实现教育目的的必要保障。教学过程中应关注学生的内心世界，如潜能、动机、兴趣、情感、认知等，保护学生的自尊心，尊重独立人格，发展个性。同时，认知主义认为人天生具有创造和求知的潜能，必须在学习中得到充分发挥，因为自我实现的过程是潜能不断发挥的动态过程。因此，教育的一个重要功能是创造最佳条件来促进学生达到最佳状态，帮助学生发现与自己更协调的学习方法和内容。

二、教育学基础

（一）主体性教育理论

教育的主体性强调以学生为主体，教师应通过将学生的主体性转化为学生自身发展的新需要来促进学生的身心向更高水平发展。教师的重要任务之一是教会学生如何学习，因此教师应该保障学生的主体地位，激发学生的内在动力，使学生形成持续、稳定的心理品质，以更积极的态度学习知识。苏联一位著名教育家说："教会学生怎样学习，应该成为每一个优秀教师的座右铭。"这句话准确表达了教育工作的本质规律。通过尊重学生的主体性和内在需求，教师可以创建一个积极的学习环境，帮助学生在知识获取和自我实现的过程中得到更好的发展。

（二）终身教育理论

终身教育是个人一生中接受的各种教育的总和。其基本理念是人们可以通过最佳途径在需要时获得必要的知识和技能。终身教育的主要特点包括终身性和灵活实用性。终身性突破了正规学校教育的时间限制，将学习视为一个连续不断的过程；灵活实用性则允许学习者接受任何形式的教育，如学习方式、内容、地点和时间等均由学习者自主决定，以最符合自身需求的方式获得学习。

（三）元认知理论

元认知是指对认知的认知，即对自身认知过程的有意识地调控。它对学习者有以下三方面的作用：首先，它有助于引导学习者明确自主学习的主要方向，包括认知策略、认知目标和认知主体等。其次，它能够调节学习过程，包括执行计划、监控策略、检查结果和改进措施等，以更好地实现预期目标。最后，元认知能够启发学生进行反思和自我调节，从而不断优化和完善学习过程。总的来说，元认知对于学生的学习效果有重要影响，它可以帮助学习者更好地管理自己的学习行为，提高学习效率和学习成果。因此，教师应该在教学中重视和引导学生进行元认知的实践，以提升学生的学习能力和素质。

总的来说，自主探究学习模式有广泛的理论基础，这些基础已经发展成熟。因此，教师应该吸收这些理论的优点，并将它们应用到教学中，以更好地引导学生进行自主探究学习。

第四章　初中学生的学习特点

学习可以从广义和狭义两个角度进行理解。广义的学习主要是指人与动物在生活过程中，通过经验而产生的相对持久的行为或者行为潜能的变化。而狭义的学习则是指人类的学习，是受教育者通过教育者的指导，在有组织、有计划、有目的的情况下获取知识、发展技能、培养才智的过程。在中学阶段，学生的学习主要包括知识和技能两个方面。具体来看，可以从以下两个角度对这两者进行理解。

第一，知识学习是学生中学阶段学习的核心，主要包括陈述性知识和程序性知识。通常，知识学习过程可以分为三个阶段。首先是知识理解，学生通过学习语言文字符号的含义来初步了解传递的知识，并唤起相应的认知内容。其次是知识巩固，学生通过识记、保持、重现或再认等方式，将已经理解的知识进行长久的保存，形成个体知识经验的重要过程。最后是知识应用，学生将积累的知识有效、灵活地运用于日常生活和实践中，以解决相关问题。

第二，在自主探究的背景下，中学阶段的技能学习主要是指心智技能的形成，也称为认知技能和智力技能。它是指通过学习形成的一种可控的心智活动经验，具有结构的简洁性、执行的内部性和对象的观念性等特点。心智技能的形成通常经历以下三个阶段：第一阶段是原型定向，即了解心智活动的实践模式，明确活动的基本方向和完成活动的方法；第二阶段是原型操作，按照心智技能的实践模式，将头脑中建立的活动程序通过外显操作实践；第三阶段是原型内化，心智技能的实践模式向头脑内部转化，由展开的、外显的、物质的形式向简缩的、内在的、观念的形式变化，是心智技能形成的高级阶段。

由于中学阶段的学习涉及多个方面的学习过程，因此中学生的学习也具有一些典型的特点。因此，本章将详细阐述中学生的学习特点。

第一节 初中学生的学习动机

一、学习动机的概念

动机是指一种内部动力和心理过程，能够引发和维持个体的活动，并使其朝一个方向前进。在学习中，学习动机则主要是指激发个体进行学习活动，维持已引起的学习活动，以及使学生的行为朝向一定的学习目标的内部动力或心理倾向。因此，学习动机的产生对于学生的主动参与学习活动至关重要。

二、学习动机的组成

学习动机的内部要素包括学习需要和学习期望，两者相互促进构成完整的内部动力系统。学习需要和学习期望涵盖了许多内部要素，是学习动机形成的重要组成部分：第一，学习需要是指学生感觉到某种欠缺并努力寻求满足的心理状态，是学生的学习欲望和意愿。其主观体验包括学习信念、兴趣和爱好等，是一种学习内驱力。学习需要的作用是激发和维持学生学习行为，促进学生积极主动参与学习。第二，学习期待是指学生对学习活动目标的预测，是学习动机的重要组成部分之一。与学习目标不同，学习期待是在学生完成学习活动之前就存在于其头脑中的观念形式。此外，学习期待还受到诱因的影响，即外部刺激或条件，可以激发学生定向行为并满足其某种需求。

学习期待和学习需要是学习动机的基本组成部分。其中，学习需要是参与学习活动的根本动力，因此在学习动机的心理结构中起着主导作用。而学习期待则主要反映学习需要的满足，这种心理状态激励学生努力达成学习目标，因此同样是学习动机中不可或缺的要素。两者相互作用，形成了一个复杂的内部动力系统，推动学生向着学习目标不断前进。

三、学习动机的作用

学习动机对中学生的学习具有重要作用，主要表现在三个方面。首先，它能够激发学生的学习内驱力，产生对知识的渴求心理，从而提高学习效率。其次，它能够指导学生在学习活动的起始阶段就明确学习目标，从而推动学生为达到目标而努力学习。最后，学习动机能够维持学生的注意力，克服学习中的困难，提高学习的努力程度。通过学习动机的引导和调节，可以激发学生的学习兴趣，增强学生的自信心，提高学生的自主学习能力，从而更好地实现学习目标。

四、学习动机的分类

中学生的学习动机具有较为鲜明的特点，具体来看，可以将中学生的学习动机分为以下四类。

（一）高尚动机和低级动机

学习动机可按其社会意义进行分类。高尚学习动机与利他主义紧密相关，学生将自身学习活动与社会和国家利益联系起来，注重未来承担建设祖国的重任。这种学习动机的特点是勤奋、认真、志存高远。低级学习动机与利己主义相关，学生以自我为中心，学习动机来源只在于自身眼前利益，如获得好成绩、荣誉等。这种学习动机的特点是功利性强，学生学习行为仅仅出于追求个人利益的动机。

（二）内部动机和外部动机

学习动机可以从其产生的诱因来源来分类。内部动机是指由学生的内部需要和兴趣所产生的动机，不需要外部的诱因来指向学习目标，满足在活动内部。例如，对某学科具有浓厚兴趣的学生会认真听课和钻研。外部动机则是指由于外部诱因所产生的动机，其满足在活动外部。学生并非对学习本身具有兴趣，而是对学习活动所带来的结果感兴趣。例如，一些学生努力学习获得好成绩，是为了避免被惩罚或获得奖励。学习动机的内部动机和外部动机对学习行为和学习成果都有影响。内部动机更能够激发学生的内在需求和兴趣，产生长期的学习热情，而外部动机则往往只能起到短期的刺激作用。

多项研究表明，具备内部学习动机的学生更加热衷于获取知识和经验，同时表现出更强的自我激励和自我管理能力。然而，内部学习动机与外部学习动机之间并没有一道明显的分界线，某些条件下，外部动机也能转化为内部动机，从而增强学习行为的自发性和自主性。

（三）近景性动机与远景性动机

这种分类方式是以动机的持续时间为划分标准的。近景性动机主要是指与近期目标密切相关的学习动机，其作用时间较短。例如，一些学生为了即将到来的期末考试而努力学习，以达到取得好成绩的目标。远景性动机则是指与学生未来发展相关联的学习动机，其作用时间更长。例如，一些学生为了将来从事某个职业而努力学习相关知识，以实现自己的职业规划。值得注意的是，内部学习动机和外部学习动机对近景性和远景性的划分并不是绝对的，外部学习动机也可能带来远景性的学习动机。

（四）直接动机和间接动机

这种分类方式的主要依据是学习动机与学习活动之间的关系。直接动机主要由学习活动本身产生，表现为学生对所学内容的兴趣和爱好。间接动机则更多地指向学习活动的社会意义，即教师、家长和社会观念等在学生头脑中的反映。

在初中教育阶段，教师应根据教学内容和学生的学习动机特点选择更恰当的教学方法，从而充分培养和激发学生的学习动机。这将为学生自主参与学习活动创造良好的前提条件。

第二节 初中学生的学习策略

一、学习策略的概念

目前学术研究尚未形成统一的标准来界定学习策略。由于研究者的角度和方法的不同，学习策略的概念有三种主要观点：一是将学习策略视为信息加工的学习过程；二是将学习策略视为规则、技能或能力；三是将学习策略视为学习监控和方法的结合。综合以上观点，学习策略可以概括为：学习者有意识、有计划地制订与学习过程相关的复杂方案，以提高学习效率和效果。

二、学习策略的特征

从中学阶段学生的认知水平以及实际的学习情况来看，学习策略具有以下四个比较显著的特征。

（一）主动性

学习策略是学生有意识地制定的与学习过程有关的复杂方案，其制定通常是学生自主行为的表现。在进行学习活动时，学生需要先分析自身的学习特点和任务，然后制定相应的学习计划。对于新的学习任务，学生会有目的地思考学习过程并制定计划，在反复使用学习策略的前提下逐渐达到自动化的水平。

（二）有效性

策略的效率和效果是制订学习策略的关键因素。使用原始的学习方法可能能够达成学习目标，但是效果和效率可能都不是最佳的。例如，背诵元素周期表，反复朗读可以让学生最终记住，但记忆时间不会很长且掌握程度不会非常熟练。相比之下，采用试图背诵或分散复习的策略可能会大大提高记忆效率和效果。因此，学生在制订学习策略时，要注重效率和效果的平衡，以达到最佳的学习效果。

（三）过程性

学习策略规定了学生在学习过程中的行动方案，包括先后顺序、内容选择、方法使用和达成目标等方面。学生在学习过程中会根据情况对策略进行调整以适应不同的学习任务和环境。

（四）程序性（通用性）

学习策略由学生制订，包括规则和技能，用于每次学习活动。因此，每次学习活动的学习策略是不同的，但在某些相似的学习活动中，学生可能使用相同的学习策略，例如 PQ4R 阅读法。

三、学习策略的类型

从中学生的学习特点来看，其采取的学习策略主要包括认知策略、元认知策略以及资源管理策略三种。

（一）认知策略

1.复述策略

复述策略是指通过内部语言在大脑中重现学习材料，以此来维持注意力以实现对记忆的保持。中学阶段学生常用的复述策略包括以下五种。

第一，有意识记与无意识记。有意识记是有目的、有意识地对信息进行识记，例如反复复述信息。而无意识记则是不需要努力、没有预期目标的识记方式。然而，无意识记也需要一定的条件，例如能够引起强烈情感反应、与学生兴趣爱好相关、具有形象生动性和重要性的信息更容易被学生记住。因此，教师可以引导学生对某个学科产生学习热情，以增强学生的无意识记能力。

第二，整体识记和分段识记。如果学习材料比较短小且具有内在联系，通常适合进行整体识记；而对于篇幅较大或内在联系不强的材料，则适合进行分段识记，即将学习材料分成若干段进行记忆，并在掌握每一段后再整合起来。

第三，调动多种感官。在进行信息的识记时，学生通常会同意运用自身多种感官，如用眼睛去看、用嘴巴复述、用耳朵去听、用手去写等。研究表明，学生的学习活动有83%要依靠视觉，11%要依靠听觉，3.5%要依靠嗅觉，1.5%要依靠触觉，1%要依靠味觉。因此，多种感官共同参与学习活动中，可以有效强化学生的学习效率。此外，学生通常可以记住自己听到的20%，阅读的10%，看到的30%，交谈过程中自己所说的70%。因此，调动多种感官不仅可以提高学习效率，还可以帮助学生更好地掌握学习内容。

第四，多样化的复习形式。艾宾浩斯遗忘规律是学习活动中的经典理论，要求学生在学习结束后及时进行复习。另外，对于学习程度相同的材料，一次学习的数量越多，遗忘速度越快，因此采用分散复习的方式也非常重要。多样化的复习形式也是必不可少的，例如制作知识卡片、做题目回顾、讲解给他人听等都是有效的复习方式。这些方式可以帮助学生通过多种不同的途径复习，从而达到更好的记忆效果。

第五，画线。画线是一种有效的复述策略。在画线时，可以将段落中最关键的句子或词汇勾画出来，并用自己的语言解释。此外，学生还可以使用一些圈点批注的方法。例如，圈出不理解的词汇并标注基本定义和例子；在重要段落前使用星号标记，在混乱的章节前使用问号标记；注释材料中的一些定义；标注可能出现在测验中的内容；用箭头指出材料之间的相互关系；写下一些总结性评论。

2.精细加工策略

中学生比较常用的一些精细加工策略主要有以下三种。

第一，记忆术。记忆术包括以下三种具体方法：一是位置记忆法，这是一种传统的记忆方法，学生会在头脑中构建熟悉的场景，并在路线上确定特殊点，在回忆时提取点对应的内容。二是谐音联想法，通过联想和假借意义记忆新材料。三是视觉联想法，通过想象将无意义材料与形象联系，提高记忆效果。例如，可以将"钾钙钠镁铝，锌铁锡铅氢，铜汞银铂金"联想记忆为"嫁给那美女,身体向前倾,统共一百斤"。

第二,做笔记。做笔记不仅是重要的外部信息存储方式,还有利于信息编码和加工。做笔记的方式包括段落概括、加标题、评注、摘抄等。通过做笔记,学生可以控制注意力和信息加工过程,并发现新旧知识之间的内在联系。此外,做笔记还能够帮助学生更好地理解学习材料,并为以后的复习和考试提供有用的参考。

第三,提问。学生在学习过程中通常会对自己的学习情况进行评估,并思考与学习内容相关的问题。例如,学生会思考这些材料中的信息有什么意义,这些材料与之前所学的知识有何联系,有哪些例子可以用来佐证这种新知识等。这些提问可以促使学生在学习中取得更好的效果。

3.组织策略

组织策略指整合新旧知识,形成新的知识结构的方法。中学生主要采用的组织策略有两种。

首先是列提纲。学生需要对学习材料进行系统分析和归纳,根据内在逻辑,用简单词语写出主要观点和次要观点。这使得提纲具有条理性和概括性。

其次是画图表。图形和表格对学生的知识记忆与理解也能产生积极影响。结构图、关系图、一览表和双向表等可以将知识以更系统化的形式呈现,促进学生更顺利学习。

(二)元认知策略

元认知是指学习者对自己的认知过程进行调节的能力,包括对思维和学习活动的认知和控制。通常可以将元认知策略分为以下三种。

1.计划策略

元认知策略中,计划指学生在认知活动前为实现特定目标而制定的计划。学生在计划策略中需要选择策略,预期结果,解决可能出现的问题等。计划策略包括设置学习目标,浏览阅读材料,生成待回答问题和分析如何完成学习任务。这些计划可以帮助学生更好地理解材料、提高效率并改善学习结果。

2.监控策略

监控是元认知中的一种策略,主要是指在认知活动中根据认知目标对认知结果进行评价与反馈，及时了解自己的认知过程并估计完成目标的程度。监控策略包括对学习材料提问、对自己测验速度和时间进行监视等方法，可以帮助学生更好地掌握学习进度和控制学习质量。

3.调节策略

调节策略是指对认知活动结果进行检查，并采取相应补救措施的策略。例如，学生发现自己对某部分内容理解不够充分时，会反复学习；学生在学习困难材料时会放慢学习速度；学生在测验时会跳过困难问题，先做简单的题目。这些都可以视为学生对认知活动的调节。

（三）资源管理策略

资源管理策略是指对学习活动中各种资源的合理利用和管理，以提高学习效率和质量的策略。中学生通常采用的资源管理策略包括以下几种。

1.时间管理

学生可以采用合理的时间管理策略，以保障顺利进行学习活动。这包括：①统筹安排学习时间，整体规划学习过程；②利用最佳时间，根据情绪、精力、智力状态等，把握最佳的学习时间；③灵活利用零碎时间，处理学习上的杂事或拓展知识。这些策略能够帮助学生高效地利用时间，提高学习效率和质量。

2.环境管理

为了提高学习效率，学生应该注意学习环境对情绪的影响，尽量为自己营造适宜的学习环境。

3.资源利用

学习资源的利用有两个方面：一是合理使用学习工具，如参考资料和线上线下学习资源等；二是充分利用人力资源，例如从教师和同学那里获得帮助。

总的来说，绝大多数初中生都认识到学习策略的重要性，他们可以根据自身实际情况有意识地采用更加适宜的学习策略，这对于学生的自主学习非常重要。

第三节　初中学生的自我监控

一、自我监控的概念

自我监控是学习过程中学生将自己正在进行的学习活动视为一种主观意识对象，并通过一系列操作，如计划、检查、监督、评价、反馈、控制、调节等，对其进行积极管理的过程。自我监控能力的高低会直接影响学习效果，因此培养学生良好的自我监控能力对于其对学习活动的积极参与至关重要。在学习过程中，学生应不断地评价自己的学习过程，找出不足之处，并采取相应的措施加以改进。

二、自我监控的基本特征

自我监控是指学生独立管理自己的学习活动，与其他形式的监控不同。学生的自我监控能力与其心理发展水平密切相关，而中学阶段学生的感觉、知觉、注意力和思维等方面的发展逐渐成熟，这对自我监控能力的提升非常重要。从实际情况来看，中学阶段学生的自我监控主要有以下四个特征。

（一）能动性

如前所述，自我监控是指学生在学习过程中独立、自主地管理和调节自己的学习行为，因此，学生的主观能动性是自我监控的首要特征。如果学生缺乏主动性和积极性，不愿意为自己的学习活动制订合理的计划，也不会对学习效果进行仔细的关注，那么学习效果通常会很差。因此，任何自我监控的行为都体现了学生的主观能动性。

（二）反馈性

监控的主要目的是调节和控制过程，这种调节和控制是基于信息反馈的。

自我监控作为一种监控形式,在学习中具有同样的特征。学生在进行自我监控时,不断总结学习过程的信息,审视和监查学习效果,及时发现存在的问题并对整个学习过程进行调节。需要注意的是,自我监控的主体和客体均可以是学生自己,因此学习信息反馈是一种个体特殊反馈。相对于其他监控形式,学生自我监控的发挥水平通常更高,特征也更加鲜明。

(三) 调节性

自我监控指学生个体自觉、独立、自主地管理自己的学习活动,而其中的调节性特征是指学生根据情况变化进行灵活、积极、适宜的自我调整,以强化学习效果。调节与反馈是学生自我监控的两个基本特征,同时也紧密相关。调节水平的高低反映出学生自我监控的能力强弱,而学习活动中涉及的诸多环节,如学习目标的确立、学习方法的选择与调整、学习努力程度的调节、解决问题策略的选择与调整、学习计划的执行与学习效果的检查与分析等,都直观地反映了学生自我监控的调节性特征。

(四) 迁移性

"迁移"指的是在不同领域中应用已掌握的知识和技能。研究表明,教导学生如何根据个人特点和学习任务制订学习计划,并采用积极灵活的学习策略进行自我监控训练,可以积极影响该学科的学习活动,并且在一定程度上可应用于其他学科的自我监控活动。此外,同一学科不同章节的自我监控活动也能迁移到其他章节的学习中。因此,自我监控活动的训练可以在不同的学习活动中产生迁移效果。

三、影响自我监控的主要因素

尽管自我监控能力与学生的心理发展水平密切相关,但其并非天生具备,而是在长期的学习实践活动中逐步发展起来的。学习实践活动的过程十分复杂,因此影响学生自我监控能力的因素也十分复杂。这些因素不仅包括外部环境因素,如学校和家庭,还与学习归因、学习动机以及自我效能等学生内部因素紧密相关。总体而言，学生自我监控能力受以下三个方面的因素影响最为显著。

（一）教师教学风格

教师的教学活动对学生自我监控能力的形成和发展具有直接影响，因此教师的教学风格在教学过程中扮演着重要的角色。以普遍理性而论，教师的教学风格主要包括以下三种类型：第一，开放民主型的教学风格。在这种教学风格中，教师通常会贯彻"以学生为主体"的教学思想，与学生共同制订计划，共同进行决策，这使得学生能够积极投入学习活动中，并自觉承担责任，长时间地保持成就动机。因此，在开放民主型的教学中，无论教师是否对学生的学习过程进行干预，学生都会比较自觉地努力学习，这有助于学生自我监控能力的形成与发展。第二，专断型教学风格。这种教学风格下，教师通常处处以自己为中心，对学生进行严格的监督，这使得学生的学习缺乏主动性，容易产生对教师的依赖心理，从而阻碍学生自我监控能力的形成与发展。第三，放任型教学风格。具有这种教学风格的教师通常缺乏责任感，不会为学生制定明确的教学目标，不会传授教学方法，也不会为学生提供必要的帮助。在这种情况下，学生虽然拥有较大的自主学习空间，但学生的学习活动缺乏指导和支持，难以形成正确的学习态度和方法，也难以提高自我监控能力。因此，放任型教学风格会对学生的学习产生消极影响，阻碍学生自我监控能力的形成和发展。

（二）学习动机

在前面的章节中，我们已经提到学习动机对于学生自我监控能力的形成和发展非常重要。然而，不同类型的学习动机对于学生自我监控能力的影响程度是不同的。基于这一点，学习动机可以根据其指向分为内部学习动机和外部学习动机。内部学习动机是由学生内在需求产生的动机，如学生的学习兴趣、求知欲望、自我成长和提高能力的愿望等因素。这些内部因素可以促进学生的自主性和自我监控能力的发展，因为学生会感到学习对自己有价值，并且会自发地探索和学习。相反，外部学习动机是由外部诱因引起的动机，如教师或家长的奖惩制度等。这种动机对学生的学习表现和自我监控能力的形成与发展的影响相对较小，因为学生可能只是为了达到奖励或避免惩罚而进行学习，而不是真正关心学习过程和成果。根据实际情况观察发现，外部学习动机驱使学生时，学习活动通常较肤浅，态度也较被动消极，因此自我监控水平相对较低；而内部学习动机驱使学生时，学生通常在积极主动的情绪中进行深度学习，自我监控水平也会提高。

（三）学习归因

个体对行为结果的归因会对自我监控能力的形成与发展产生影响。如果学生能够将学习结果归因于可控的内部因素，即相信通过自己的努力、调整学习方法等可以改变学习过程与效果，那么学生就会更积极地对自己的学习进行严格的监控，促进自我监控能力的发展。反之，如果学生总是将学习结果归因于不可控的外部因素，那么学生会减少对学习过程的调节，从而阻碍自我监控能力的发展。因此，在教育实践中，可以通过鼓励学生对学习结果进行积极的内部归因，以及提供相应的学习方法和策略等方面的帮助，来促进学生自我监控能力的形成和发展。

总而言之，在学习活动中，学生的自我监控能力对学习效果有着重要的影响。因此，教师应根据学生的心理发展水平和影响自我监控能力的因素来引导学生，以优化和完善学生的自主探究活动。

第四节 初中学生的学习迁移

一、学习迁移的概念

学习迁移是指已获得的知识、技能、学习方法或态度对学习新知识、新技能、解决新问题的影响，也可将所学应用于新情境。学习迁移能让已学习的知识经验得到丰富和扩充，促进"触类旁通""举一反三"等思维能力的发展。学习迁移还能够提高学习效率，促进跨学科的学习，加速知识的应用和转化。

二、学习迁移的分类

在中学阶段，学生的学习迁移表现出以下四个类别。

（一）正迁移与负迁移

学习迁移的结果可以分为正迁移和负迁移两种情况。正迁移是指一种学习对另一种学习的促进作用，有助于提高学习效果；而负迁移则是指一种学习对另一种学习的阻碍作用，可能导致学习效果不佳。举个例子，一些学生可能会将二氧化碳固体误认为冰，这就是负迁移的一种表现，因为先前学习的知识对后续学习产生了阻碍。

（二）顺向迁移与逆向迁移

学生的学习迁移可以根据迁移的方向来划分为顺向迁移和逆向迁移。顺向迁移主要是指之前的学习对后续学习产生的影响。举个例子，当学生在物理课上学习"平衡"的概念时，这会对他们在后续学习生态平衡的相关知识时产生积极的影响。逆向迁移主要是指后续的学习对之前学习的影响。例如，在化学课程的后期，学生学习了微生物的概念，这对之前学习的有关植物和动物的知识概念产生了积极的影响。

（三）一般迁移与具体迁移

学生的学习迁移可根据迁移内容分为一般迁移与具体迁移。一般迁移指获取的普遍性方法、原理、态度、策略对其他具体学习内容产生的影响，即将普遍性原理和方法应用于具体情境中。具体迁移是一种特殊迁移，学生原有的经验结构和组成要素未变，只是将一个学习领域中的知识迁移到另一个领域。例如，学生学习阅读策略时学会了提炼主题句并对文本内容进行总结，之后在写作中也能够运用这种思维方式。而将一个物种的知识运用到另一个物种上，则属于具体迁移。

（四）横向迁移与纵向迁移

学生的学习迁移可根据抽象程度与概括水平分为横向迁移与纵向迁移。横向迁移是指同一水平内的不同学科或知识领域之间的影响，如学习酸性溶液化学性质对之后学习碱性溶液化学性质的影响。而纵向迁移则是指不同学科或知识领域之间的影响，如学习简单的化学实验对之后进行较复杂实验的影响。横向迁移通常是技能或知识的转移，而纵向迁移更倾向于经验或元认知策略的转移。此外，纵向迁移往往需要高层次的思维活动，如分析、综合、应用和评价等。

三、影响学习迁移的因素

（一）相似性

1.学习材料之间的相似性

学生主要通过学习材料获取知识，因此学习材料对学习迁移的影响十分重要。分辨学习材料之间的不同点和相同点是促进学习迁移的关键前提。

2.学习情境的相似性

学习迁移是和情境密切相关的，因为知识和经验的获得与应用都和一定的情境有着紧密的联系。在学习迁移过程中，如果两次学习活动的情境比较相似，例如学习环境、学习场所或者学习者等方面相同或相似，那么学习迁移就会更容易产生。

（二）原有的知识结构

1.学习者的知识背景

学习迁移的重要前提条件之一是学生具备相关的背景知识。学生拥有越多的背景知识，就越容易主动地应用这些知识，也越容易产生学习迁移。

2.原有知识经验的概括程度

学习迁移中，原有知识结构的概括水平对其产生至关重要的影响。概括水平高的知识结构，会增加学习迁移的可能性并提高迁移效果；相反，概括水平低的知识结构则降低了迁移的可能性和效果。

3.学习策略的水平

学生的认知策略和元认知策略对于学习迁移的产生也具有一定的影响。

（三）学习的心向定式

心向和定式是指预先针对某种活动而准备的动力状态。通常，定式是通过先前的重复实验形成的，它将促使个体以同样的方式对待后续的问题。在学习迁移中，定式对迁移的影响有促进和阻碍两种表现。定式可以被视为促进正向迁移的心理背景，也可以被视为阻碍迁移的潜在心理背景。因此，定式在迁移过程中发挥着重要的作用。

第五章　初中化学实施自主探究面临的问题

在初中化学教学中，教师需要组织学生进行以"自主、合作、探究"为主要特征的学习活动，这是新课程标准的一个重要要求。为了全面了解初中化学自主探究活动的开展情况，相关教育人员进行了调查，主要涉及教师和学生对自主探究理念的认识、重视程度以及实践应用等方面。调查结果将对教育教学改革和提高学生自主探究能力具有积极的指导作用。

第一，从初中化学教师对自主探究的认识来看，教师的认识不够全面，理解不深入，对自主探究教学策略的实施方法掌握也比较少，这对当前初中化学的自主探究教学产生了一定的阻碍作用。但是随着课程改革的深化实施，很多教师接触了先进的教育理念，提高了职业素质。另外，调查结果还显示，大部分教师对自主探究教学持支持态度，愿意在教学实践中探索和应用自主探究教学策略。同时，教师也普遍认为自主探究教学能够激发学生学习的主动性和创造性，有利于学生的知识掌握和能力培养。

第二，从初中学生对自主探究的认识来看。初中学生对自主探究的认识主要受到教学安排的影响，因此很多学生在学习化学时只为提高成绩和通过考试而学习。不过，随着学习的深入，学生的表现也发生了变化。虽然学生中乐于进行自主探究的人数不多，但很多学生会在学习过程中尝试一些自主探究活动。然而，当遇到无法独立解决的问题时，一些学生又不愿向教师或同学求助，这导致他们的自主探究效果并不理想。学生的学习热情是影响参与自主探究活动的一个重要因素。长期来看，这种情况会逐渐影响学生的积极性和创造性，导致自主探究活动的持续进行受到影响。

综上所述，初中化学教学中的自主探究活动还需要进一步改善效果。这种情况的出现有多种原因，因此本章将全面分析初中化学教学中实施自主探究所面临的问题。

第一节　从教师角度分析面临的问题

一、对自主探究教学的认识不充分

在初中化学教学中，很多教师存在对自主探究教学理念的误解。笔者的调查研究发现，这些教师认为自主探究主要是指学生进行动手实验，并按照已设计好的基本步骤操作。此外，他们也将自主探究的八个步骤完全交由教师来负责，认为学生只需按教师提出的问题去寻找答案。这些观念使得教师在自主探究教学中的指导过于简单化和模式化，忽略了学生主体性的发挥和创造性的发掘。举例来说，当教师引导学生探究金属活动性时，仅仅提出"比较金属活动性的方法有哪些？"这一个问题，并要求学生自己寻找实验方法和资料。但当学生遇到问题时，教师只能提供答案，这种探究方式并不具有深度和方向性，无法引导学生真正理解探究的本质。

一些教师将自主探究仅视为教学中的某一环节，容易使其形式化。但《标准》要求初中化学自主探究从学习方式、课程内容、课程目标三个方面展开。这意味着自主探究不仅仅是一种教学方法，而且涉及多个方面的全面探究，包括学生的思考方式，知识的深度和广度，以及学生的实践能力等。因此，教师应该更深刻地理解自主探究的含义，使其不仅仅是一种教学方法，而且是教学目标的实现方式。《标准》的大致框架，如图5-1所示。

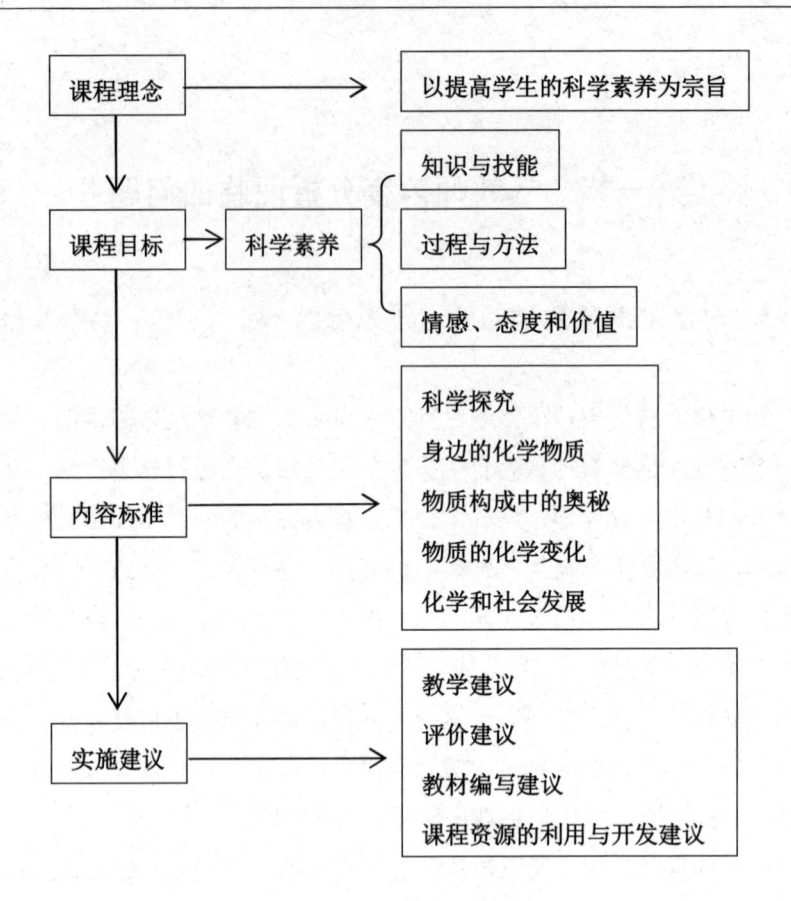

```
课程理念 ──→ 以提高学生的科学素养为宗旨
    ↓
                         ┌─ 知识与技能
课程目标 ──→ 科学素养 ──┼─ 过程与方法
                         └─ 情感、态度和价值
    ↓
                    ┌─ 科学探究
                    ├─ 身边的化学物质
内容标准 ──→       ├─ 物质构成中的奥秘
                    ├─ 物质的化学变化
                    └─ 化学和社会发展
    ↓
                    ┌─ 教学建议
                    ├─ 评价建议
实施建议 ──→       ├─ 教材编写建议
                    └─ 课程资源的利用与开发建议
```

图 5-1 《标准》基本框架

由上图可见,《标准》规定了五个主题,分别列出了相应的内容标准和具体说明,如表 5-1 所示。

表 5-1 具体内容说明

一级主题	二级主题
科学探究	强化对学科探究的理解
	促进学科探究能力的发展
	掌握基本的实验技能
身边的化学物质	周围的空气
	水和常见的溶液
	金属和金属矿物

续表

一级主题	二级主题
身边的化学物质	常见的化合物
物质构成中的奥秘	多样性的化学物质
	微粒组成物质
	认识化学元素
	物质组成的表示
物质的化学变化	化学变化的基本特征
	几种化学反应
	质量守恒定律
化学和社会发展	化学和资源、能源利用
	常见的化合材料
	化学物质和健康
	保护环境

《标准》中强调了自主探究的重要性。其中，过程与方法目标要求学生认识科学探究的意义与过程，通过简单的探究活动增强对科学探究的体验。因此，自主探究不仅仅是一种教学方法或者教学中的某一个具体环节，而是课程目标的一个重要组成部分。教师只把自主探究当成教学中的某个步骤，而不是让学生去深入思考，探索科学的本质，这种教学方式显然是认识不足的表现。

二、教师工作量繁重

在初中阶段，化学通常被安排在初三，因此教师需要承担不仅是常规的教学任务，还要为学生的中考冲刺提供辅导。教师的工作不仅包括制订教学计划、备课、组织教学、批改作业、进行课外辅导等一般性的工作，还需要经常准备试卷和复习资料。此外，教师还要完成与学生家长的沟通、教师培训、学校会议、听课、记录工作日志、撰写各种总结，应对各项检查等工作。

然而，由于教师需要完成大量工作，因此他们所花费在教学中的时间相应减少，这可能会影响学生自主探究活动的质量。

三、教师引导缺失，角色定位不当

强调学生自主探究，就意味着教师不能将知识传授、题目讲解作为教学重点。传统教学通常是教师将教材内容面面俱到地讲解，这与自主探究的中心目标背道而驰。

根据调查，虽然大多数教师认为自主探究教学模式可以激发学生的学习热情并促进知识理解，但在实际教学中，教师经常过分强调自己的"引导者"角色，有些教师甚至在学生自主探究活动中说得太多，替代了学生的思考。以"燃烧条件"为例，教师引导学生思考以下问题来促进探究。然而，这种方式可能会导致学生失去独立思考和探索的机会，从而削弱自主探究的效果。

教师：酒精灯能够燃烧说明酒精灯具有怎样的化学性质？

学生：可燃性。

教师：酒精灯需要点燃才能燃烧，这说明酒精灯燃烧需要什么条件？

学生：温度。

教师：燃烧是在空气中进行的，那么空气中的什么物质能够支持燃烧呢？

学生：氧气。

教师：请同学们猜想一下，物质的燃烧通常需要具备什么条件呢？

学生：可燃物、一定的温度、氧气。

在现行初中化学自主探究教学模式中，虽然大多数教师认可该模式能够激发学生的学习热情，但在实际教学中，一些教师却过分强调自身的"引导者"角色，将自主探究活动中的引导过程讲得太多，甚至替代了学生的思考。这种引导方式已经在很大程度上给学生点明了最终的结论，从而使得学生在学习活动中不需要真正思考，只需要进行归纳总结。因此，教师对"引导者"这一概念的理解是不够准确的，教师在教学中出现了引导的缺失以及角色定位的不当。

第二节　从学生角度分析面临的问题

一、探究意识薄弱

从实际情况来看，很多学生对化学学科的认识存在一定的偏差，其中普遍存在的观点是"化学是理科中的文科"，即学生认为化学知识只需熟记公式等知识点，不需要思考。这种观点会削弱学生的探究欲望。传统的教学模式通常采用讲授式教学方式，"教师讲，学生听"，学生处于被动接受知识的地位，长此以往，学生的思维方式可能会固化。

《标准》要求学生提高探究和研究能力，包括应用科学方法进行观察、收集信息、比较、分类、综合、概括、判断和推理，建构科学概念及独立思考和问题解决的能力。自主探究活动是课程改革的突破口，提倡学生体验探究的过程，养成科学态度和获得更加科学的学习方法。通过"做科学"培养自主探究能力，强调自主探究活动是学习的内容，也是一种重要的学习方式。《标准》中的科学探究是指包括八个探究技能环节的探究，旨在通过这些环节获得化学概念知识，深入理解化学科学的本质。

初中化学的探究教学实践并不理想。根据李雅茜和张晓玲的研究发现，大多数探究教学只是形式上的，学生难以进行真正的完整探究。同时，也存在着"贴标签"式的不真实、模式化的探究，这是目前探究教学中的最大问题。在探究教学的实践中，教师对探究教学的认识不够清晰，在实际操作中存在一些不当之处，都会影响探究教学的实施效果。然而，探究教学在新一轮课程改革中具有重要的地位，可以促进学生的创新精神和实践能力的发展。因此，如何将教师在探究教学课堂上的华丽表演转化为学生的实际成长，使探究教学真正发挥作用，是一个非常重要的问题。我们需要提出一些策略，以使一位普通的化学教师或兼职化学学科教师能够成功实施探究教学。解决这些问题对指导探究教学实践具有非常重要的意义。

许多教师都发现了同样的问题，以下是一个具有代表性的观点。

访谈者：你认为学生的哪些因素影响了你实施自主探究教学模式？

教师：许多学生缺乏探究意识，不懂得如何自主探究，甚至认为探究活动无必要。

访谈者：自主探究是新课程标准一直提倡的，为什么学生的探究意识会如此薄弱呢？

教师：这说明教学模式长期存在问题，导致学生自主探究效果不佳。

因此，初中化学教学中的一个关键问题是如何激发学生的探究意识，引导学生积极主动地参与到自主探究学习活动中。这是自主探究学习活动开展的前提条件。

二、探究能力欠缺

传统的初中化学教学模式长期以来影响了学生的探究能力和问题意识的提升。问题意识是自主探究活动中的重要能力，对于猜想、假设、制订研究方案、分析现象等环节尤为重要。然而，许多学生缺乏问题意识，不能及时发现和提出问题。因此，如何提高学生的探究能力是十分重要的，教师应该引导学生更加积极主动地参与到学习活动中，激发学生的探究意识。

三、知识基础薄弱

初中化学作为学生在初三才开始接触的一门学科，对于多数学生来说缺乏相关背景知识，使学习难度增加。同时，由于化学知识点比较零碎且丰富，很多学生缺乏整合思想，未掌握相应的学习策略和方法，导致基础知识理解不充分。因此，学生在探究活动中缺乏对基础知识的充分思考和思维发散，对学生自主探究活动产生了不利影响。提高学生的整合思维能力，培养化学学科的基础知识，以及掌握相应的学习策略和方法，是促进学生进行自主探究活动的关键。

第三节　从环境角度分析面临的问题

一、课时限制

相对传统的教学模式而言，自主探究教学模式需要更多时间的投入，因此课时的时间限制也成为制约自主探究活动的一个重要因素。一般来说，一个课时的教学时间只有约 40 分钟，而开展一堂探究课的时间一般需要花费一个小时，加上教师需要调动和维持学生的学习热情，因此很多自主探究活动的效果受到时间限制而不尽如人意。此外，很多教师为了节省时间，也会放弃自主探究活动，因为在这么短的时间内，组织高质量的自主探究活动十分具有挑战性。此外，初中学生学习化学的时间只有一年，而化学又是中考的考试科目，所以教师的总体时间是比较紧张的，为了使学生尽快实现从知识的入门到知识的掌握，教师也难以留出充足的时间来引导学生进行自主探究，即便有一些少量的自主探究活动，也难免会过于形式化。

二、班额过大

目前的教学模式主要采用班级授课制，即教师按照固定的时间和顺序对整个班级进行连续授课。虽然这种教学制度适合我国教育现状，但对于自主探究教学模式来说，仍然存在一些缺陷，特别是当班级规模过大时，会影响自主探究活动的开展。保持适宜的班额对于教学质量的提升是至关重要的。然而，现实情况下，大多数学校的班级人数都较多，甚至超过 40 人。这给自主探究活动的开展带来了困难，因为自主探究活动强调学生的自主思考和讨论，使得课堂纪律难以控制。此外，不同的学生在自主探究活动中可能会遇到不同的问题，而教师很难同时兼顾所有学生，尤其是在一些自主性的实验探究活动中，如果不能及时指导学生，可能会出现安全问题。

三、"中考"评价制度的束缚

在当今的基础教育中,学生的自主探究能力被视为至关重要的能力之一。早在 2001 年,教育部就发布了《基础教育课程改革纲要(试行)》,明确提出了要在教学中鼓励学生进行质疑、调查、探究。教育部也在当年在全国 38 个国家级基础教育改革实验区开始了自主探究教学的改革实验。此外,《标准》也强调将学生的自主探究作为化学课程改革的突破口,以帮助学生建立更加积极主动的学习态度和方法。在长达二十几年的新课程改革中,仍然存在许多问题,这主要源于中考制度的存在,以及教育评价体制的难以改变。因此,初中阶段的教学中,教育考试评价会极大地影响学校、学生和教师的评价。然而,现行评价模式存在标准、内容和方法等方面的偏差,这阻碍了学校、教师成为素质教育的倡导者,并成为传统教学模式的维护者,从而阻碍了学生自主探究能力的提升。

对学校教育质量的评价往往仍然依据应试教育的要求,忽略了素质教育的本质。尤其是在初中教育中,学生的升学率被过分强调,成为评价学校和学生的最重要指标,导致学校在教学中偏重应试教育,而忽视了学生自主探究能力的培养。此外,为了提高升学率,学校还会采取一些管理措施,进一步限制学生的自主探究,影响教育质量的提升。

家长和教师通常希望学生取得好的学习成绩,因为分数是中考录取的最直接条件。因此,教师会通过结论的方式呈现教学内容的重点知识,帮助学生理解和记忆知识,以达到最高效率的教学效果。毋庸置疑,这种教学方式虽然能够让学生在标准答案型的考试中获得不错的成绩,但它忽略了学生的探究能力和创新能力的培养,导致教师的教学方式和学生的学习方式逐渐固化。此外,虽然一些教师认为学生的自主探究能力对于深入理解化学知识非常重要,但由于初三阶段学校通常会进行一些比较密集的考试,学生的自主探究活动受到了考试压力的限制。因此,虽然自主探究是培养学生创新能力的有效途径,但在现有的教育评价体系中,它受到了一定的限制。

四、硬件资源有待完善

化学学科的自主探究活动是一项重要的教育活动，而实验探究是其中至关重要的途径之一。要保障实验探究的顺利开展，必须有完善的硬件设施，例如多媒体设备、图书馆和实验器材等。然而，从实际情况来看，许多学校并未给予学生的自主探究活动足够的重视，因此相关经费的投入也往往不足。这导致学校往往没有新的设备购进，而已有的器材和设备通常陈旧且数量不足，难以满足当前的教学要求。在一些较为贫困的地区，实验器材的短缺已经成为一个严重问题。实验仪器的配置比较落后、不配套，学生的自主探究自然也就成了纸上谈兵。

化学实验在化学学科中的地位非常重要。化学教学的课程目标要求学生具有实验探究的能力。根据《标准》："可以运用演示实验所产生的清晰、生动和神奇的现象，启迪学生思考；也可以用简单的实验体现'做科学'的思想。"因此，实验在学生的化学学习中发挥了重要的作用。在初中阶段，学生需要完成一些必要的探究性实验，这需要学校提供必要的条件。这些实验包括：

（1）粗盐提纯实验。
（2）实验室制取氧气以及氧气性质探究实验。
（3）实验室制取二氧化碳及二氧化碳性质探究实验。
（4）探究金属的物理性质与化学性质实验。
（5）探究燃烧的条件实验。
（6）配制溶质质量分数一定的溶液实验。
（7）溶液酸碱性的检验实验。
（8）探究酸碱的化学性质实验。

这些实验涉及的问题主要包括物质的性质、溶液的配制、物质的检验和分离、气体的制备以及反应规律和原理等。在进行这些实验之前，需要在化学实验室中配备相关的设备、仪器和实验防护用具，并定期检查药品和实验设备的质量，以确保实验探究的质量。

随着信息技术的快速发展，虽然可以在网络中搜集到大量与初中化学相关的教学资料,但高质量的教学视频和案例仍然较为缺乏,尤其是初中化学自主探究教学策略实验的资料更难以搜集。这使得教师在教学中缺乏必要的案例资料。此外,尽管有一些优质的初中化学教学视频在网络中,但它们通常价格昂贵,这会增加教师的教学成本。因此,当前仍然需要一些途径来实现优质教学资源的共享。

第六章　初中化学实施自主探究的策略

为了更好地在初中化学教学中引导学生进行自主探究活动，教师应该采取一些恰当的教学策略。此外，教学策略的优化与完善不能盲目进行，而应该根据实际的教学情况进行一些有针对性的改变。

在当前的初中化学教学中，开展学生自主探究活动的总体要求就是要建立起学生自主以及主动学习的机制，培养学生的自主探究以及创造性学习能力。对于教师而言，实施自主探究策略则主要是为了探索构建自主探究的教学模式，旨在变革传统的教学模式，从而促进学生学习积极性的提升，进而有效提升初中化学教学的效益与质量。

从初中化学自主探究策略的主要内容来看，其主要包括两个方面：第一，激发学生的学习热情，使学生更加愿意主动学习，尝试自学；第二，引导学生动手实践，通过实验等方式来培养学生的创新思维能力，从而使学生体验到成功的乐趣，并掌握自主探究的基本方法与技巧。

此外，在自主探究策略的实验过程中还应遵循以下原则：第一，实际性原则。在组织各种自主探究活动时，应该结合学生的年龄特点、认知水平、实践经验等方面的实际情况，对学生参与活动的能力进行充分考量，同时也要考虑教学设备、活动场所等方面的实际情况。第二，科学性原则。在组织自主探究活动时，应该严格把握学科的实际特点，以此来增强活动设计的合理性。同时，自主探究活动还应严格遵循教育的基本规律和基本原则，并且要根据学生的认知规律开展，当学生的自主探究出现偏差时，教师应通过恰当的方式对学生进行一定的纠正，以此来保障自主探究活动的质量。第三，多样性原则。实施自主探究策略时，应尽量避免学生自主探究活动的单一性，应该组织多样化的活动。首先，活动方式多样化，如教师演示、学生讨论、学生实验、考评测试等；其次，教学手段多样化，要做到现代教学手段与常规教学手段的有效结合。另外，还要保障学生多样化的感官参与，如视听感受，动手操作、动口表述等。

毋庸置疑，要保障学生在初中化学中的自主探究活动取得更加理想的效果，在实施自主探究策略时就应遵循上述原则进行。为此，本章将谈一谈在初中化学教学中实施自主探究策略的具体方式。

第一节 培养初中学生自主探究能力

一、激发学生学习动机

教师应该考虑如何激发学生的学习热情，以提升学习能力。在新课程标准的实施过程中，以"一切以学生为中心"为指导思想，教师应该采取以下三个方面的策略。

（一）创设问题情境

合理的问题情境是由个体面临的问题和相关经验构成的系统，可以通过外部问题和内部知识经验的恰当冲突来引起最适宜的思考动机和最佳的思维定向。因此，教师在教学中应该创造一些悬念来激发学生的思维、记忆和注意力，使他们达到最佳的智力活动状态。在初中化学教学中，有三种方法可以创造问题情境。

第一，联系自然现象和生活现象。化学作为一门自然学科，与实际生活密切相关，教师可以结合一些自然和生活中的现象来创设问题情境。例如，当教授二氧化碳的性质时，教师可以列举一些生活现象，如汽水开瓶后会冒出大量气泡，喝完汽水后容易打嗝，汽水瓶在夏天有时会爆炸等。然后，让学生结合这些问题思考二氧化碳的溶解性和是否容易受到温度和压强的影响。这种方法可以使课堂学习氛围活跃，同时降低学生的知识理解难度。

第二，合理利用新旧知识之间的联系或冲突。教师可以充分利用学生已有的知识作为切入点，引导学生通过新旧知识之间的联系或矛盾来激发学生的思考欲望，从而促进学生更加积极主动地参与自主探究活动。例如，初中化学教学中，教师可以根据反应形式将化学反应分为置换、分解、化合、复分解等类型。在教学每种反应时，教师可以引导学生对比已学过的化学反应进行思考，促使学生理解反应的本质和原理。此外，教师还可以利用一些常见的生活场景来帮助学生理解化学反应，例如利用厨房中的化学反应来引导学生理解化学反应的原理。

第三，利用故事创设问题情境。从教育心理学的角度来看，中学阶段的学生好奇心比较强，注意力难以集中，通过一些趣味性的故事可以有效吸引学生的注意力。例如，当教授二氧化碳的时候，可以讲述这样一个故事：有一个名叫玻尔曼的科学家来探索一个山洞的秘密，他牵着一只狗走进了山洞，不一会儿，狗就昏倒在地上，他蹲下来查看狗的情况，发现手中的蜡烛的火焰马上就熄灭了，最终认定这个屠狗的凶手就是二氧化碳。教师可以根据这个故事提出一些问题，例如为什么人在山洞中安然无恙，而狗却无法生存？这说明二氧化碳具有怎样的物理性质和化学性质？

（二）组织化学实验

初中化学教学中，实验是一个非常重要的环节。通过化学实验，学生可以直观地感受到化学反应的过程与现象，从而更好地理解化学原理。在教学中，适用于课堂实验的实验通常包括以下三个类型：

第一，演示性实验。演示性实验主要用于培养学生的观察能力，让学生感受化学知识的奇妙。在课堂上，通过演示带火星的木条在氧气中复燃、铁丝在氧气中剧烈燃烧时会火星四射、铁丝插入硫酸铜溶液中生成美丽的"铜树"、镁条在燃烧时发出耀眼的白光等实验现象，可以有效吸引学生的注意力，同时让学生进行直观的观察，深化对化学知识的理解与记忆。

第二，趣味性实验。这类实验不同于按照教材常规流程设计的实验，主要是利用化学实验来探究一些比较有趣的现象。例如：利用化学反应制作彩虹糖，利用红、黄、蓝三种颜色的食品色素和漂白水在牛奶中制作"彩虹牛奶"，或者是在实验中使用一些特殊的材料制作类似"太阳花""冰山"等奇妙实验,从而激发学生的探究欲望,吸引学生对化学的兴趣。

第三,探究性实验。旨在激发学生学习的兴趣,帮助学生获取化学知识并解决化学问题。在这类实验中,教师应该给予学生足够的自主操作空间,以达到探究性实验的目的。例如,在制取二氧化碳的实验中,教师可以提供四种物质:①稀硫酸与石灰石;②稀盐酸与石灰石;③稀盐酸与碳酸钠;④稀硫酸与碳酸钠。学生通过自主探究,进行实验设计、实验操作和实验分析,从而自主归纳实验现象,分析实验结论。

(三)活用信息技术

信息技术教学采用多媒体等数字化手段,可有效提升教学效率和质量。现代教育理念指导信息化教学,要求教学的各个环节都实现数字化,包括教学环境、技术、模式、内容、组织和观念等因素。这种教学方式通过数字化手段,创造了更加灵活和互动的教学环境,提高了教学效果和学习体验。

为了提高学生的学习兴趣和动机,教师应该充分利用信息技术来辅助教学。多媒体教学手段,如演示动画、视频录像等,可以激发学生的求知欲望,帮助学生进入最佳学习状态。特别地,在化学学科中,信息技术的应用可以引导学生将视野从宏观转移到微观层面,突破空间和时间的限制,促进学生对物质的全面理解,缩短学习过程。在教学过程中,利用信息技术手段可以让学生更加直观地理解抽象概念和知识点。例如,当讲解"物质构成的奥秘"时,直接让学生理解原子和分子等微观物质的概念可能会有一定难度。为此,教师可以通过使用 Flash 动画等多媒体教学手段,让学生直观了解微观物质的运动基本过程和特点,从而加深对相关概念的理解。同样的,在讲解"金属和金属材料"这一部分内容时,教师可以利用视频录像来介绍高炉炼铁的相关知识。通过观看视频并对视频中的每个环节进行详细讲解,可以让学生更加深入地了解高炉炼铁的过程,同时也能拓宽学生的知识视野,使枯燥的内容变得简单流畅易懂。

二、组织自主合作探究

化学是一门知识结构十分严谨的学科，对于初中学生的思维能力有很高的要求。然而，考虑到初中阶段学生的发展特点，他们的思维水平还不是特别高。因此，自主合作探究是一种有效的途径，可以提高学生的自主探究能力，保障学生的自主探究质量。自主合作探究是指学生为了完成共同的学习任务，采取有明确责任分工的互助性学习。虽然自主合作探究强调学生的自主性学习，但并不是要求学生各学各的。相反，在激发全体学生的学习热情的基础上，每一个学生都能够更加积极主动地去学习、去探究，从而在合作中有效避免不必要的错误。因此，自主合作探究可以实现个体利益与集体利益的统一。

（一）合理划分小组成员

在自主合作探究模式的应用中，小组成员的划分对探究效果至关重要。划分小组成员时，需要考虑以下两个方面的问题。

首先，控制小组人数。每个小组的人数应为4~5人，这样可以保证探究过程的顺利进行，并使每个学生都能充分参与探究活动。其次，实现组间同质，组内异质。各小组之间的差异不能过大，以保障学生在探究活动中的公平性。而在小组内部，学生应具有不同的特点，例如学习能力、性格特点和性别等，以使每个小组成员都能够充分发挥各自的优势。通过合理划分小组成员，可以促进学生之间的互助与合作，使探究效果更加显著。

（二）确立合作探究目标

在合作探究中，明确基本目标和任务是非常重要的。例如，在"二氧化碳的性质"这个课题中，学生已经了解了二氧化碳的用途，但对于其性质却不甚清楚。组织学生通过自主合作探究学习这部分内容时，主要目的在于了解获取知识的过程与方法。教师可以引导学生通过"分析讨论—推测结果—设计方案—实验验证—得出结论"这一流程进行探究，以此来促进探究目标的实现。

（三）适当进行引导点拨

在学生的合作探究中，教师的引导作用是不可或缺的。在学生的自主实验中，教师需要向学生简单讲解实验的主要原理和注意事项，同时应避免过多干预实验设计的流程，以保持学生的自主性。在学生完成实验后，教师应及时总结学生普遍存在的问题，并帮助学生进一步解决这些问题，从而提高学生的学习效果。

三、优化学生学习方法

在自主探究策略的实施中，教师应该充分认识到学习方法的重要性。好的学习方法是学生学习成功的关键。在初中化学教学中，教师应该向学生灌输实用的学习方法，并为他们提供灵活使用这些方法的机会。针对初中化学的学习方法主要包括以下三种。

（一）制订整体学习计划

学习计划在学生的自主探究中起着至关重要的作用，因为它可以帮助学生更好地规划学习任务和时间。要制订一个切实可行的学习计划，需要考虑学生的实际情况，同时确定长期和短期的学习目标，以保证计划的方向性和实施性。制订学期计划和每日计划时，需要根据学习目标合理分配任务和时间，确保每一步都有明确的计划和时间表。此外，为了适应学习中的变化和进展，学习计划还需要具有一定的灵活性和伸缩性，可以随时进行调整和修改。特别是在假期时，制订适当的学习计划也是十分必要的，可以利用这段时间加强学习或补充知识，同时及时调整计划，确保学习任务的完成。

（二）培养课前预习习惯

课前预习是养成良好学习习惯的重要方面之一。在学生的自主探究过程中，课前预习的作用不可忽视。简而言之，课前预习是指在课堂学习之前对新知识进行的自学准备。教师可以在课前引导学生对新课内容进行阅读和思考，以此提高学生自主学习和独立思考的能力。此外，教师还可以布置一些预习作业，如自学问题或自学提纲等，以更好地引导学生思考和探究。课前预习的目的是让学生对新知识有初步的理解和把握。在预习完成后，教师可以组织学生进行交流讨论，让学生分享自己的理解和疑惑，从而进一步促进学生的学习效果。需要注意的是，预习不应是盲目复习，教师应该合理安排预习任务，确保其与课堂内容紧密相关。

（三）知识归纳总结

总结归纳是化学学习中一种非常重要的方法，尤其是对于这门知识点较为繁杂的学科来说。例如，在学习"元素化合物"相关内容时，由于涉及四种单质、五种混合物和十六种化合物等多个物质类型，学生可能会感到吃力。为此，教师应该将这些知识点进行分类整理，总结它们之间的内在联系，形成知识网络。这样有助于学生更好地理解化学知识，加深对知识点之间关系的认识，以及帮助学生在考试时更加快速、准确地解题。此外，教师应该引导学生采用有效的方法来归纳和加工所学知识，以便于灵活记忆。例如，对于重要的知识点如元素的化合价，学生可以采用编写顺口溜的方式进行记忆，以达到更好的效果。例如：一价钾钠氢和银，二价钙镁铜钡锌，铁铝三价氯负一，氧硫负二要记清。

第二节　构建化学自主探究教学模式

一、转变传统教育理念

教学模式必须遵循相应的教学理念，这一点是毋庸置疑的。对于初中化学教学来说，教师需要根据新课程标准的要求对教学理念进行优化与完善，以更好地构建自主探究教学模式。

在新课程改革中，学生和教师的角色发生了极大变化，其中最重要的变化之一是更加突出了学生在课堂中的主体地位。这也是自主探究教学模式的重要特征之一。在这种理念的指导下，教师不仅按照教材基本内容和教学大纲进行教学，还重点关注引导学生进行自主探究活动。

在自主探究课堂模式中，教师教学效果的评判不再以完成全部教学内容为主，而是更关注教师是否设计了完整的引导思路，锻炼了学生独立学习、实践创新、理性思维等能力。此外，课堂模式不会关注教师是否做到知识点的全面传授，而更关注学生的主观能动性，因为学生需要依靠自己的知识水平解决新问题。在这种理念的指导下，教师更注重引导学生进行自主探究活动，以充分发挥学生的主动性和创造力。

因此，在自主探究教学模式下，教师的核心任务是引导学生掌握获取新知识的技能和方法，而不是传授知识本身。教师需要通过巧妙的方式吸引学生的注意力，以帮助他们逐渐减少对教师的依赖，培养主动学习和善于学习的习惯。

二、实施探究式教学

探究式教学，又称为"发现法"，是一种通过让学生主动探究来掌握知识的教学模式。在这种模式下，教师不会直接呈现结论，而是提供问题或事例，引导学生通过观察、讨论、思考、实验等方式进行探究，从而自行发现并掌握知识。探究式教学的指导思想是以学生为主体，让他们更加主动、自觉地进行知识的探索，从而掌握认识与解决问题的基本方法和步骤，深入理解事物的客观属性，发现研究对象的发展起因以及事物的内部联系。通过探究式教学，学生不仅能够掌握知识，还能够锻炼自主学习的能力、实践创新的能力以及理性思维的能力。

探究式教学的实施需要遵循以下基本原则：①目的性原则。这意味着在实施探究式教学时，教师需要充分考虑课堂教学的目的和教学内容的作用。教师应通过各种活动提高学生的动手能力和解决问题的能力，以达到教学目的；②应结合全面探究和部分探究。探究式教学的目的之一是为学生创造条件，让他们系统地经历科学探究的全过程。然而，在实际教学中，由于任务内容和教学时间的限制，教师需要对教学过程进行系统的设计和整体安排；

③主体性原则是一个基本原则和核心原则。教师需要尊重并巩固学生在课堂中的主体地位，发挥学生在学习中的主观能动性，注重学生的自我发展和互相启发。此外，在"以学生为主体"的教学理念中，教师需要充当组织者和引导者的角色。因此，教师需要思考如何将教育内容与学生思维方式和习惯相结合，以创新教学手段并更好地引导学生的学习。教师应不断探索最佳的结合点，并对学生的思维方式和习惯进行研究，以更好地满足学生的需求，促进学生的学习和发展。第四，主动发展原则。主动发展原则要求学生在学习过程中表现出主动性，即学生需要在自主探究和交流讨论中进行新知识的建构和对学习过程的反思。教师在教学设计中要注意三个方面，即知识技能、过程方法和情感态度的统一，只有这三者统一才能够使学生获得更加全面的发展。

三、实施分层教学

在初中化学自主探究教学中，学生的学习能力差异是一个重要的表现。因此，教师应该采用分层教学法来关注学生的实际差异。分层教学主要是将学生划分为几个水平接近的群体，并进行差异化管理的策略。在课堂中，教师应对所有学生进行一般性授课，并在教学内容上保持一定的弹性，为不同层次的学生提供充足的时间和空间，以便进行自主探究。分层教学的实际应用通常包括以下四个环节。

（一）学生编组

分层教学是一种差异化教学策略，教师应该根据学生的思维水平、知识基础、心理因素等方面，将学生划分为高、中、低三个层次的群体。在分组的基础上，教师应该针对不同层次的学生进行有针对性的教学设计。对于学习能力较强的学生，教师可以组织学生进行一些具有较高要求的思维训练，帮助他们更好地发展自己的学习能力；对于能力中等的学生，教师要注重对其进行知识的拓展训练，提高其学习能力；而对于能力暂时落后的学生，教师则要按照教学大纲的基本要求对学生进行教学，帮助他们尽快跟上课程进度。此外，学生的编组并不是固定的，而是随时根据学生学习情况的变化来调整的，确保每个学生都得到了适当的学习机会和挑战，从而提高他们的学习成绩和发展潜力。

（二）分层备课

教师在分层教学中，分层备课同样不可忽视。在备课中，教师应深入理解教学大纲和教材内容，确定具有差异性的教学目标，并区分哪些内容是基本要求，适合所有学生掌握；哪些内容具有难度，适合中、高层次学生掌握。同时，教师应重点关注学困生的转化和特长生的潜力发展。这样，教师才能更好地设计教学内容，满足不同层次学生的需求，促进他们的全面发展。

（三）分层授课

分层教学中，分层授课是关键环节。教师应该根据不同层次学生的实际情况，设计好授课的起点，处理好知识的衔接过渡，减缓教学内容的难度。同时，分层教学授课应该体现学生为主导、教师为主导的原则，让所有学生参与到活动中，确保分层教学目标的实现。

（四）分类指导

为实施分层教学，分类指导是至关重要的环节。分类指导是指在教学中，教师应该采用不同的方法和手段，对不同层次的学生进行个性化的指导和帮助，体现因材施教的原则。除了课堂上的指导，教师还应该在作业批改和课外活动中加强对各个层次学生的指导。通过这样的指导，学生的学习水平可以得到提高，同时促进学生向更高层次的转化，从而实现整体优化。

四、实行多元化的教学评价

教学评价是课堂教学的重要环节，它主要是对教学效果进行判断。通过及时有效的教学评价，可以进一步优化学生的自主探究活动。

为了使教学评价的作用充分发挥出来，教师应该遵循以下原则：第一，评价内容的全面性。教学评价应该具备全面性，而不仅仅关注学生学习活动的最终结果。传统的评价方式通常忽视了学习过程的重要性，这种方法比较片面。为了促进学生的全面发展，教师应该对学生自主探究活动的全过程进行更加全面的评价，包括学习习惯、合作探究的意识、学习方法的使用以及学习态度等方面。第二，评价主体的多元化。多元化的评价主体是教学评价的重要组成部分。在传统的教学评价模式中，评价主体往往只是教师，而忽略了学生的主体地位。为了更好地促进学生的自主发展，应将学生确立为教学评价的主体，采用多元化的评价方式，包括学生自我评价、同伴评价和教师评价等多种评价方式，以便更好地发挥学生在课堂教学中的自主性和创造性。第三，评价的激励性。教学评价应该鼓励学生进一步努力学习，激发他们的学习动力。例如，通过对优秀学生的表扬和奖励，对存在问题的学生进行关爱和鼓励，以此来激发他们的学习动力，促进学习效果的进一步提升。第四，评价反馈的及时性。在教学评价中，及时反馈对于学生的学习至关重要。教师应该及时对学生的学习进行反馈，帮助学生及时纠正学习中存在的问题，以此来进一步提高学习效果。

第三节　完善化学自主探究教学环境

一、突破课时限制

课时是一个对学生自主探究活动有着不可忽视影响的因素。然而，由于课堂教学的时间相对固定，教师需要通过合理的方式，充分利用教学时间，以减少课时对自主探究教学模式的不利影响。

（一）改变备课模式

随着新课程改革的实行，教师的课时数量有所减少，但这并不意味着教师的工作负担会减轻。相反，教师需要更加认真地备课，因为他们需要在更短的时间内完成更多的教学任务。因此，教师需要进行以下三方面的备课模式上的改进。

1.将静态备课转变为动态备课

从传统的教学观念来看,备课主要是指教师按照教材编写教案,教学过程也完全是按照教案进行的。这种教学设计是预设的、有计划的、可控的,但难以达到最理想的教学效果。新课程标准注重"以学定教",具体来说,就是要充分依据学生实际的需求设计"教案",这种"教案"具有动态性,可以看作教师和学生、学生和学生、学生和教材之间的互动。教学过程是一个不断循环的"发现问题—解决问题—产生新问题—解决新问题"的过程。因此,教学设计应描述教学过程的大致轮廓,给学生留有充足的自主探究空间,使学生不断完善自主探究活动。这种教学模式需要教师更加关注学生的需求,关注学生在探究过程中的困难和疑惑,及时调整和优化教学方案。

2.将经验型备课转变为研究型备课

传统备课是一个封闭过程,教师根据教材和相关参考资料,独立完成教学计划。但在当前教育背景下,备课趋向开放式,方法、形式、内容都发生了变化。备课不再只是一种单向的教学准备,而是变成了一种教学研究活动。每次备课都是对以往备课的创新,这要求教师的备课过程要从经验型向研究型转变。

3.将个体备课转变为集体备课

在新课程改革中,教师在教学设计中遇到的问题和困难增加了,但仅靠教师个人难以解决。因此,教师需重视集体备课的作用,以提高备课质量、节省备课时间。集体备课不否认教师个人的重要性,而是要在个人备课的基础上进行,促进备课内容的进一步完善。这样,教师们可以分享彼此的教学经验和教学方法,共同解决教学中的难点问题,从而提高教学质量。

(二)构建翻转课堂

"翻转课堂"或称"颠倒课堂",是指重新安排课堂内外时间,使得学生在学习过程中拥有更多的主动权。在这种教学模式中,学生可以利用课堂时间进行自主探究和研究,共同解决学习中的问题,从而获得更深入的理解。而教师则可以更好地利用课堂时间,与学生进行交流,而不是在课堂上讲授基本信息，因为学生可以在课前自主学习。使用翻转课堂模式可以使教学时间更加灵活，学习过程更加主动。

翻转课堂是一种重塑传统课堂时间分配方式的教学模式，让学生成为学习的主体。在翻转课堂中，教师会将课程内容的基本信息通过短小精悍的教学视频在课前传达给学生。学生在课下可以利用这些视频进行自主学习，理解和掌握基本信息，从而为课堂上的探究活动做好准备。另外，在翻转课堂的教学模式下，学生的学习流程也得到了优化。学习过程中的第一个阶段是信息的传递，而第二阶段是信息的内化和吸收。通过翻转课堂，这两个阶段均可以在课下时间内完成。这不仅对于学生的学习过程有所帮助，还可以有效地优化课堂时间的使用，为课堂探究活动创造更多的时间和空间。

二、构建和谐的师生关系

教师与学生在教学活动中的相互关系称为师生关系，对课堂教学环境影响十分重要。因此，在优化初中化学自主探究的教学环境中，教师应注重构建和谐的师生关系。

（一）提高教学水平

"亲其师，信其道"强调的是教师与学生之间的关系对于教学的重要性。教师的教学水平和素质的高低不仅会影响到课堂教学的效果，还会影响学生对教师的态度。为了构建和谐的师生关系，教师需要通过各种途径全面强化自身素质，从而获得学生的尊重和信任。只有这样，才能够在教学活动中使学生更加主动地学习和理解教师所传授的知识，最终达到教学的目标。

（二）注重语言艺术

在课堂教学中，教师的语言特点对师生关系产生着重要的影响。为了提高教学效果，教师应注意以下四点：首先，要深入浅出，通俗易懂，避免使用晦涩难懂的语言。其次，教师的语言应具有引导性，引导学生进行思考，避免采用结论性的语言。第三，教师的语言应保证逻辑严密，尤其对于化学这种严谨的学科更是如此。最后，教师的语言应生动活泼，以增强课堂的感染力，避免陷入死气沉沉的氛围中。只有做到这些，才能更好地构建和谐的师生关系，提高教学效果。

（三）实施情感教育

情感教育是教育过程中不可或缺的重要组成部分，它强调课堂教学中教师应该通过适当的方式，营造出一种融洽和谐的教学环境。情感教育主要关注课堂教学中认知与情感之间的平衡，教师应通过情感交流来增强学生的积极情感体验，发展和培养学生丰富的情感，激发学生对教学内容的求知欲望和探索精神，促进学生形成独立健全的人格。情感教育可以看作一种教学模式和具体的教学策略，它强调教师在教学过程中要注重学生情感需求，尊重学生个性差异，以鼓励和支持的态度引导学生的情感发展和健康成长。

三、完善实验室管理

化学实验是学习理论知识的重要基础，实验室则是进行实验的场所，也是完成化学教学任务不可或缺的设施。为了充分发挥实验室的作用，需要不断完善对实验室的管理措施。

（一）建立开放性实验室

开放性实验室指的是在时间和内容上都具有开放性，以便师生充分利用实验室资源进行教学和探究活动，从而提高学生的实验技能和掌握使用实验设备的熟练程度。在实验内容方面，学生可以根据教材中的实验项目展开深入的探究，或者进行一些探索性的课外实验活动，以此来激发学生的创造性思维和实验设计能力。

（二）构建创新性实验室

在新课程标准中，创新性实验课被视为教学的重要组成部分，因为它对于学生的化学学习能力有全面的提升作用。为了实现这一目标，教师应该打破常规的演示性实验教学模式，转向探究性和创新性的实验教学。创新性实验室成了进行科学探究的必要条件，学生不再局限于教材中的实验设计，而是通过选择实验仪器和药品、设计实验内容、观察实验现象、总结实验规律等方式进行自主探究。这样的实验教学能够激发学生的创新思维和实验设计能力，提高他们的学习兴趣和动手实践能力。

（三）建设环保型实验室

"绿色化学"是初中化学教育的重要思想。为此，在实验教学中也应贯彻环保理念。首先，应使用小型化的实验设备以有效降低成本。其次，应采用更多无毒无污染的"绿色"原料，例如可用鸡蛋壳代替碳酸钙和盐酸制取二氧化碳。最后，实验室应配备专门用于回收废气、废液、废渣的设备，以实现资源的可持续发展并保护环境。

（四）创建信息化实验室

现代化教育技术的进步对化学实验室的建设也非常重要。创建信息化实验室可将多种多媒体设备引入化学实验，为学生处理实验数据和分析实验结果提供了重要的平台。对于某些难度大或实验药品或产物具有危险性的实验，可以借助多媒体设备进行仿真实验，使学生更直观地理解实验过程。此外，网络实验室也为学生提供了更广泛的实验资源和实验平台。通过网络实验室，学生可以自主完成实验任务，进行虚拟实验和在线交流，从而拓展了实验教学的范围和深度。

第四节　优化初中化学课后探究活动

一、组织社会调查

化学是与社会生产和生活密切相关的学科，因此社会调查活动对于学生的自主探究活动来说是非常重要的。社会调查是指为了达到一定目的，对某种现象进行考察与分析的一种活动。为了促进社会调查的进行，通常需要遵循一定的步骤和原则，例如制定调查目标、设计问卷和访谈提纲、收集和整理数据、分析和总结调查结果等。通过社会调查，学生可以更深入地了解化学知识在现实生活中的应用，加深对化学的理解和认识。

（一）明确活动主题及意义

为了实现社会调查活动的有效展开，活动主题的明确是非常重要的。例如，在"爱护水资源"这一课题的教学中，教师应该向学生介绍当前我国水资源状况和水污染的主要来源和危害。为了延伸学生的课堂学习，同时提高他们的实践能力，教师可以组织学生开展以"学校周边水污染情况"为主题的社会调查活动，以此帮助学生了解当地水环境现状，同时调查和分析造成水污染的主要原因。

（二）设计活动流程

一次有效的社会调查活动必须有完善的流程设计，通常包括四个环节。
1.活动准备阶段

通常，社会调查活动难以依靠学生个体完成，因此可以按照任务要求划分研究小组并明确责任分工。例如，在"学校周边水污染情况"的调查活动中，学生可以分为两个小组，一组调查水体污染的主要情况，另一组调查水体污染的防治方法。这样可以使每个小组有明确的任务和目标，有利于整个调查活动的开展和成果的获取。

2.制订活动计划

在制定社会调查活动计划时，需要遵循一个基本原则：由班长担任总管，在教师的引导下组织负责实施，组员进行协作，制定本组的活动计划。接着，班长需要负责协调各小组的调查工作，从而形成整体的活动计划。这种分工方式能够有效提高活动效率，使每个小组能够专注于自己的任务，同时保证整个活动的有序进行。

3.活动技能培训

学生参与调查活动需要掌握一些技巧，例如采访技巧。在采访前要准备好问题，并保证问题的针对性和代表性。交谈时要礼貌，语言要亲切，并快速记录采访内容。此外，观察技巧也非常重要，需要从细节处入手，认真观察研究对象的主要特点。在调查活动中，安全问题也必须重视。学生不能单独行动，要听从组长的安排。在调查水域时，必须注意自身安全。此外，在调查中发现有危险因素存在时，要及时向组长汇报并遵从组长指示，确保调查活动的安全进行。

4.活动实施阶段

活动实施是在所有准备工作完成之后，教师组织学生按照预定的调查目标进行实地考察的过程。在这个过程中，学生要及时记录调研对象的现状，初步形成比较完整的数据。

（三）数据整理与分析

在整理社会调查资料时，首先需要检查基本材料是否切合实际需要，其次要保证收集材料的真实性和准确性。分析调查材料是整个活动的重要环节，是能否转化为研究成果的关键所在。处理数据时，需要利用科学的方法进行审查和深入了解材料的属性，例如通过图表等方式进行处理使信息更加直观化。在社会调查数据整理与分析中，最基本的方式为定性和定量分析。

（四）撰写社会调查报告

撰写调查报告是整个研究过程的重要一环。在写作时，应注意报告的语言应通俗易懂、行文平铺直叙，不要绕弯子。报告应尽可能用简单明快的语言将研究内容表述清楚，包括调研对象的现状和研究结论等。此外，报告的内容应更加正确和客观，应避免使用过于主观或情感色彩浓厚的词句，力求准确无误地叙述调查数据。报告还应该包含必要的表格、图表和图片等，以便读者更好地理解和分析调查结果。最后，应该在报告中附上参考文献，以确保调查报告的可信度和可靠性。

二、开展课外实验

实验是化学教学中重要的方式，初中化学的课后自主探究活动中，课外实验是有效的学习途径。学生的课外实验有三种形式。

（一）家庭实验

家庭实验是化学教学的重要补充和延伸。它不仅可以促进学生创新意识和创新能力的培养，而且可以将学生的化学知识与日常生活联系起来，提高学生的化学学习兴趣和学习能力。在开展家庭实验时，需要注意以下三个方面：①要精心布置，提前安排，让学生对实验内容有初步了解。②要选择一些简单易行的实验内容，如用水杯替换烧杯、吸管替换导管等。这样能让实验器材更容易获取，实验流程更容易设计。③教师还应指导学生掌握实验方法，如实验用品的选择、反应原理的掌握、安全事项等。此外，学生还应及时总结实验经验，并与同学交流分析。

（二）复习性课外实验

复习性课外实验是学生在初步掌握了课堂所学知识之后，通过完成与课堂知识相关的小实验来巩固和提升课堂教学效果的活动。通过组织这样的实验活动，可以培养学生利用所学知识和方法解决问题的能力。例如，可以安排一些简单的实验内容，如自制净水器、淬火与回火对金属性质的影响、制作叶脉书签、用蜡烛测定空气中氧气含量、制作化学名片等。这些实验不仅可以帮助学生巩固和加深对知识的理解，还能提高学生动手实践的能力和科学研究的兴趣。

（三）假期课外实验

初三学生接触化学较短，学习方法掌握不熟练，日常课外实验效果不佳。因此，教师可以在日常教学中不断渗透化学实验知识，激发学生兴趣。利用假期充足的时间，可以组织学生进行综合性探究实验，促进学生的探究意识与动手能力的提高。

三、成立兴趣小组

兴趣小组是由具有相同兴趣爱好的学生自愿组成的组织，旨在提高学生的学科兴趣和探究能力。为了确保兴趣小组活动的效果，选择活动内容时应遵循以下原则。

（一）开放性原则

化学兴趣小组活动的基本特征之一是学生的自主性，因此活动内容的选择也应该具有开放性，让学生能够自主决策、自主操作、自主实践和自我体验，以便更深刻地理解化学知识。

（二）适用性原则

化学兴趣小组活动的成功展开需要充分利用学校或校外的资源，因此，在选择活动内容时需要考虑本校和本地的实际情况。此外，为了获得更好的效果，活动内容也应该符合学生的年龄和心理特点。

（三）趣味性原则

为了激发学生深入探究化学知识的欲望，组织兴趣小组活动的一个重要目的是确保活动内容具有一定的趣味性。因此，教师应注重学生在学习中的情感和态度，并发挥学生在活动中的想象力和创造性，以创造一个有趣、丰富的学习环境，激发学生的学习兴趣和积极性。

（四）全面性原则

为了达到兴趣小组活动的目的，活动内容的选择应该全面考虑初中化学课程的培养目标。因此，活动内容应该包含实践内容和理论知识；同时也应该兼顾知识传授和技能训练、独立操作和合作探究，并保障探究活动的科学价值和社会效益。

第七章　自主探究教学案例设计

前几章已经介绍了如何将自主探究的基本理念应用到初中化学教学中。虽然已经有了很多理论研究，但这些研究仍停留在理论阶段。为了验证和佐证这些教育教学理论和理念，需要结合实际教学案例进行实践。

教学案例是指真实典型的事件，其中包含一些疑难问题，教学案例描述了教学过程中"意料之外，情理之中"的情境。教学案例的作用主要体现在四个方面。首先，促进教师理论学习。教学案例需要运用教学理论进行深入分析，因此，撰写教学案例需要足够的教学理论支持，这促使教师进一步学习教学理论。其次，总结教学经验。教师在实践中获得了很多成功的经验，但这些经验往往局限于具体的做法，缺乏深入的分析。通过撰写教学案例，可以选择合适的实例进行描述和分析，更清晰地了解教学成功的原因。第三，促进教师交流研讨。教学案例是具体的教学情境，不同的人会对其进行不同的解读。因此，教学案例非常适合用来进行研讨和交流，成为教学研究活动的有效载体。最后，促进教师反思教学。在任何形式的教学过程中，都存在着一些缺陷。通过撰写教学案例，教师可以对教学过程进行全面的回顾，对教学活动进行严格的审视和反复的分析。通过撰写教学案例，可以进一步优化课堂教学效果，并为今后的教学活动奠定良好的基础。

本章将以初中化学教学为例，通过教学案例的方式，详细介绍在教学中如何组织学生进行自主探究活动。通过实际的案例，让读者更加清晰地了解如何运用自主探究的方式进行教学，并从中获取到实践经验和教学启示。

第一节 "空气"教学设计

一、教学目标

(一) 知识与技能

学习本课程的前提是了解空气的主要成分，包括氮气、氧气、二氧化碳等，并了解它们在空气中的比例。这是后续实验的基础，也是理解空气组成的重要前提。

在进行实验探究空气成分时，需要了解各个要点和注意事项。例如，在采样时需要选择合适的取样点和采样容器，并注意避免污染等问题。在分析过程中，需要注意样品的处理方法和分析方法的选择。此外，实验室安全操作规范也是需要注意的，以确保实验操作的安全和准确性。

(二) 过程与方法

1. 为了激发学生对空气相关知识的兴趣和思考能力，教师可以通过引入具体的情境和概念来实现。这包括展示城市和乡村空气的差异，引导学生思考空气成分和质量的因素。

2. 教师可以通过多种方式，如组织合作讨论和实验探究等来帮助学生深刻理解空气成分的相关知识。例如，可以组织学生进行实验，测试不同材料和气体对空气成分的影响。通过这些活动，学生可以更好地理解空气成分的重要性和复杂性。

(三) 情感态度与价值观

为了帮助学生建立实事求是的科学态度，教师可以引导他们认识科学的本质和重要性。同时，教师也应该激发学生对生活中化学现象的求知欲望，以培养他们对化学知识的兴趣和热爱。通过这样的方式，学生可以更好地了解和欣赏自然界的奥妙，同时也会对环境保护产生浓厚的兴趣。为了进一步培养学生热爱自然、关注环境保护的态度，教师可以引导他们积极参与环境保护行动。这包括通过减少能源消耗、减少废弃物和污染物的排放等方式来保护环境。通过这些实践，学生可以更好地理解环境保护的重要性，并为创造更加美好的未来做出贡献。

二、教学重难点

（一）教学重点

空气的主要成分。

（二）教学难点

测定空气成分实验的主要步骤及实验中的一些注意事项。

三、教学过程

（一）情境导入

【演示实验】在进行实验前，教师可以在烧杯底部放一团纸，使其倒置时不下滑。接着，将烧杯口朝下放入盛满水的水槽中浸泡一会儿，并垂直取出烧杯，观察纸是否被浸湿。然后，将烧杯倾斜放入水中，观察烧杯中是否有气泡跑出，同时也要观察纸是否被浸湿。通过对比两种现象，教师可以引导学生思考烧杯中跑出的气体是什么，以及为什么纸在不同情况下有不同的反应。这样的情境导入方法可以生动地演示实验过程，激发学生的学习兴趣，同时也可以引导学生初步探究空气相关知识。

（二）合作探究

1.探究点一：拉瓦锡测定空气成分的实验

【提出问题】针对下面的实验设计，有哪些明显的优缺点，从实验流程可操作性、实验对于环境的污染等方面来分析。

【实验探究一】实验步骤：在一个密闭容器中加热少量汞，持续12天。

实验现象：汞中出现红色粉末，同时容器内空气体积减小。

实验原理：汞+氧气 $\xrightarrow{\text{加热}}$ 氧化汞。

【实验探究二】

实验步骤：在一个密闭容器中加热少量汞，持续12天。

实验现象：红色的粉末在加热之后变成了银白色的物质以及能够使带火星木条复燃的气体。

实验原理：氧化汞 $\xrightarrow{\text{加热}}$ 汞+氧气。

【学生活动】观看多媒体视频材料，学习拉瓦锡是如何运用液态汞与密闭容器测定空气成分的。

【实验结论】拉瓦锡经过对上述实验的总结，认为空气主要是由氧气与氮气组成的。

【学生活动】学生认为拉瓦锡的实验态度严谨，反复实验。但实验装置操作复杂，观察时间长，同时对环境造成污染。

2.探究点二：空气成分的实验

【提出问题】在观看拉瓦锡测定空气成分的实验后，结合实验流程和自己的知识经验，你能设计一些测定空气成分的实验吗？

【学生活动】拉瓦锡的实验中，分离空气中的不同成分非常重要。在自己的实验设计中，应该有什么方法可以有效地分离空气成分呢？

【实验探究】如表7-1所示。

表 7-1 实验探究要素

实验原理	在一个密闭的容器中，当红磷燃烧时，它会充分地消耗氧气，从而使容器中的压强降低。在外界大气压力的作用下，容器外的液体会进入容器中，容器的体积也就是消耗的氧气的体积
实验装置	①实验器材：烧杯、弹簧夹、乳胶管、导气管、燃烧匙、橡胶塞、集气瓶、酒精灯和火柴（用于点燃红磷）。 ②实验药品：水、红磷
实验步骤	①按照要求将实验装置进行安装，然后认真检查装置的气密性； ②在集气瓶中注入少量的水，然后将剩余的容积划分成 5 个等份，并利用橡皮筋做出清晰的标记； ③在乳胶管上夹上弹簧夹，用火柴点燃燃烧匙上的红磷，将燃烧匙伸入集气瓶中，并用橡胶塞塞紧瓶口； ④等待红磷燃烧完毕并集气瓶冷却后，取下乳胶管上的弹簧夹
实验现象	①红磷在集气瓶中快速燃烧，发出了黄色的火焰，同时伴随有大量的白烟产生，并释放出热量； ②集气瓶冷却并打开弹簧夹之后，烧杯中的水开始沿着乳胶管进入集气瓶当中，经过观察，发现进入集气瓶当中水的体积大约是剩余空气容积的五分之一
实验分析	燃烧红磷会形成固态的五氧化二磷，并产生白色烟雾。五氧化二磷是一种易溶于水的物质，因此它不会占用集气瓶中剩余空气的体积。在燃烧过程中，红磷充分燃烧了空气中的氧气，使得瓶内空气的体积减小。在集气瓶冷却之后，进入集气瓶的水的体积，大致等于燃烧过程中所消耗的氧气的体积。
实验结论	经过观察，氧气在空气中的含量大约占空气总体积的五分之一

续表

注意事项	①为了确保测量结果的准确性，实验中要加入足够多的红磷，如果加入的红磷过少，会导致不能将集气瓶中的氧气完全消耗掉，增加剩余空气的体积，使得进入集气瓶的水的体积偏小； ②实验装置的气密性也是影响测量结果的关键因素，如果气密性较差，当集气瓶中的氧气消耗完毕后，瓶内的压强减小之后，集气瓶外的空气就会进入集气瓶当中，同样会导致进入集气瓶的水的体积减小，影响检测结果的准确性； ③另外，要等待集气瓶冷却后再打开弹簧夹，如果集气瓶内的温度较高，会使瓶内气压增大，进入集气瓶的水的体积变小，从而影响测量结果的准确性； ④在将燃烧匙伸入集气瓶时，应该迅速进行，过慢的操作会导致一些受热的空气逸出瓶外，导致瓶内的空气总体积减小，进入瓶内的水的体积增大，使测量的氧气含量的数值偏大； ⑤在实验中要使用红磷，不能使用铁丝、木炭、硫等物质。硫或木炭在燃烧过程中会分别产生二氧化硫气体和二氧化碳气体，这些气体不能完全溶于水，增加集气瓶中空气的总体积，导致进入集气瓶的水的体积减小； ⑥在集气瓶中应该加入适量的水，主要是为了吸收红磷在燃烧过程中产生的物质、加快燃烧过后集气瓶的降温速度、防止燃烧物溅落在瓶底使集气瓶炸裂。

【学生活动】在本次实验中，学生认真听取了教师对实验步骤要点以及实验用品的介绍，并在教师的引导下进行了自主实验。实验过程中，学生对实验现象进行了认真的记录，并最终对整个实验流程进行了认真的思考。在完成整个实验后，学生们得出了集气瓶当中剩余气体不能进行燃烧并且不能溶于水的结论。

【归纳总结】空气的主要成分（按体积分数计算），如表 7-2 所示。

表 7-2 空气的主要成分（按体积分数计算）

成分	N_2 氮气	O_2 氧气	其他气体	CO_2 二氧化碳	杂质与其他气体
体积分数	78%	21%	0.94%	0.03%	0.03%

【知识拓展】从物质的组成来看，空气是一种混合气体，而不是单一的物质。空气中的主要成分是氮气、氧气和少量的其他气体，例如二氧化碳、氩气和氦气等。这些气体的比例是较为稳定的，但空气中的水蒸气和二氧化碳的含量则会因气候和地区的不同而有所差异。在气候湿润的地区，空气中的水蒸气含量较高，湿度相对较大。而在较为干燥的地区，空气中的水蒸气含量相对较低。

3.探究点三：纯净物与混合物

【提出问题】从构成成分来看，物质可以划分为纯净物和混合物两类。那么，纯净物和混合物的定义是什么？它们之间有哪些区别和联系？

【学生活动】学生可以根据阅读材料和教师的引导，对物质种类进行自主划分。

【归纳总结】见表 7-3。

表 7-3　归纳总结

类别	纯净物	混合物
概念	只包含一种物质	包含多种物质
特点	物质的组成以及性质是比较固定的，如沸点、熔点等	物质的组成以及性质是不固定的，各组成物质都可能保持各自的性质
表示方法	可以用化学符号进行表示，如氧气 O_2、二氧化碳 CO_2 等	不能用特定的化学符号表示
举例	氮气、硫、一氧化碳等	糖水、海水、空气等
联系	将纯净物混合之后可以得到混合物，而将混合物进行提纯或者分离之后可以得到纯净物	

【知识拓展】①混合物是指由两种或以上的物质简单混合而成的物质，各种物质之间不会发生化学反应，因此每种物质保持着各自的性质，并且在一定条件下可以将物质分离开来。②纯净物只是相对的概念，实际上很难找到绝对纯净的物质，只能说纯净物中杂质的含量非常少，因此物质的纯度较高。③判断一种物质是否为纯净物，主要看这种物质是由几种元素构成的，不能混淆元素和化合物的名称。例如：五氧化二磷是一种物质的名称，这种

物质是纯净物，其中的"磷"和"氧"只是构成物质的两种元素，而不是两种物质。

四、板书设计

空气

（1）空气中氧气含量的测定

（2）空气的构成及其含量

按体积分数：氮气78%，氧气21%，稀有气体0.94%，二氧化碳0.03%，杂质与其他气体0.03%。

（3）混合物与纯净物

纯净物：只包含一种物质

混合物：包含多种物质

五、教学反思

【可取之处】本节课使用了科学家研究空气成分实验的分析，引导学生进行了模拟实验。这种教学方法可以激发学生的自主性和积极性，让他们更好地掌握科学实验的方法和技能。

【不足之处】一些学生可能缺乏实验技能和经验，导致在实验的关键环节上出现失误，这可能会影响实验结果的准确性与可靠性。

六、课堂练习

（1）最先证明空气的成分主要是由氧气与氮气构成的科学家为（　　）。

A.拉瓦锡　　　B.舍勒　　　C.汤姆生　　　D.门捷列夫

（2）对于氮气的性质，以下几项描述错误的一项为（　　）。

A.在正常情况下，氮气的化学性质是不活泼的

B.氮气是一种无味无色的气体

C.氮气可以使澄清的石灰水变浑浊

D.在正常情况下氮气不能支持燃烧

（3）下列关于空气的描述错误的一项为（　　）。

A.大自然具有一定的自净能力，所以在少量的有害气体排入空气中后，空气仍然可以在一定时间内恢复洁净

B.空气可以被视为一种十分重要的天然资源

C.一般情况下，空气中的稀有气体不能和其他物质发生反应，这些气体被称为"惰性气体"

D.如果按照质量来计算，空气中的氧气占 21%，氮气占 78%，其他气体与杂质大约占 1%

（4）氮气的用途十分广泛，例如，氮气可以用作金属焊接的保护气，而灯泡中充入氮气可以延长灯泡使用寿命。氮气具有这些用途的主要原因是_____。根据自己的知识积累，你觉得还有哪种气体可以作为保护气_____。

（5）根据下列现象，分析空气中存在哪些成分会导致这种现象，并将这种物质的名称与符号填在空格处。

①白磷放置于空气中时可以燃烧，并且产生大量白烟，这表明空气中含有_____。

②南方的 5、6 月份被称为梅雨季节，在这段时间内，衣服总是感觉十分潮湿，这表明空气中含有_____。

③当澄清石灰石的试剂瓶长期放置于空气中时，试剂瓶的底部就会产生一些白色固体，这表明空气中含有_____。

（6）小红和小明对市场上出售的一种小袋包装蛋糕非常好奇，因为这种蛋糕的包装袋中冲入了气体，使得袋子鼓鼓的，看上去像一个枕头。他们两个认为这种包装方式主要是为了使食品能够在较长一段时间内保持新鲜，但包装袋中充入的气体到底是什么，两个人产生了分歧。小红认为应该是二氧化碳，而小明则认为应该是氮气。

①请设计一个比较简单实用的实验方案，以此来鉴定谁的说法是正确的（实验设计要包括取样、操作、现象及结论）。

②如果采用充气保护食品的包装方式，你觉得充入的气体应该具备什么条件（至少列出两点）。

第二节 "自然界中的水"教学设计

一、教学目标

本文提出了化学教学中水的相关知识和教学目标。首先，学生需要了解水的物理性质、组成和其他初步知识，包括水的分子结构、密度、热容等。其次，学生需要了解科学探索水的意义和基本过程，并能够进行简单的探究活动，以培养其解决实际问题的能力。同时，学生应该保持和增强对自然界的好奇和探究欲望，发展学习化学的兴趣。此外，珍惜水资源的认知也应该被加强，以初步形成科学的物质观，并增进对"世界是物质的"等辩证唯物主义观点的认识。最后，学生应逐步树立崇尚科学、反对迷信的观念，以此为基础进行化学学习和实践。

二、新课导入

教师引导学生阅读第 47 页的第一段内容，然后询问学生"你已经知道什么？"

接着，教师引导学生思考水的组成，并开始讲述水的组成。

三、水的组成

教师讲述：请阅读第 47 页的"观察与思考"两个实验，然后我们来看这两个实验的视频。

教师讲述：看过演示实验视频，请同学们和老师一起回答问题。

【实验1】

教师提问：接通直流电源，观察产生的气体有什么样的实验现象？

学生回答：……

教师提问：推测生成气体的可能组成，并思考可采用什么样的验证方法？

学生回答：……

教师提问：将一根带火星的小木条平放在与电源正极相连的玻璃管的尖嘴处，打开活塞，会观察到什么样的实验现象？同时，推断气体成分。

学生回答：……

教师提问：打开与电源负极相连的玻璃管的活塞，在玻璃管的尖嘴处点燃（或用一支小试管收集生成的气体后，移至酒精灯火焰处），观察实验现象，并推断气体成分。

学生回答：……

【实验2】

教师提问：在空气中点燃纯净的氢气，并在火焰上方罩一个干冷的小烧杯，观察现象。

学生回答：……

四、总结

教师总结、板书，学生笔记：实验1说明水在通电条件下发生分解反应，生成氢气和氧气；在实验2中，氢气和空气中的氧气发生化合反应，生成了水，说明水由氢元素和氧元素组成。

布置作业：及时巩固本节的内容，完成课后练习，预习下一节内容。

第三节 "质量守恒定律"教学设计

一、教学目标

（一）知识与技能

1.了解并掌握质量守恒定律的内涵：在化学反应中，原子的数量和种类保持不变，因此重新组合的物质在总原子质量上也不会改变。这就是质量守恒定律，也是化学反应中的基本规律，即化学反应前后质量不变。

2.自主归纳和总结一些典型实验的过程，初步了解物质变化的本质，并掌握从个别到一般的推理方法。在实验过程中，我们可以观察到物质的变化，通过分析变化前后物质的质量、形态、颜色等特征，可以初步了解物质变化的本质。通过对多个实验结果的归纳和总结，我们也能够从个别情况推导出一般规律，掌握从个别到一般的推理方法，进一步加深对化学反应的理解。

（二）过程与方法

1.在上课之前，可以布置预习作业，让学生初步了解质量守恒定律的概念，为本节课的学习做好铺垫，激发学生的主动学习能力。

2.教师可以使用多媒体演示和实物实验相结合的方式，引导学生进行"铁与硫酸反应""氧化铜"等实验，验证质量守恒定律，激发学生的学习兴趣和探究欲望。

3.教师可以引导学生通过对不同实验的比较和分析，进一步理解和验证质量守恒定律的内涵，培养学生观察实验现象和推理的能力。

4.在课堂结束前，教师可以进行知识总结，帮助学生建立起完整的质量守恒定律的认识，加深学生对质量守恒定律的理解和记忆。同时，教师也可以鼓励学生提出问题和思考，培养创新意识和探究精神。

（三）情感态度与价值观

1.培养学生透过微观现象了解宏观世界的辩证的、科学的学习态度，激发学生对科学学习的热情和兴趣。

2.为学生打下良好的科学基础，促进唯物主义世界观的形成。

二、教学重难点

（一）教学重点

为了验证质量守恒定律的正确性，我们进行了横向对比实验。我们从宏观和微观两个层面对质量守恒定律进行理解。

（二）教学难点

对具体的实验现象进行了总结归纳，并以此为基础对其中的规律性知识进行推广，从而掌握了从个别到一般的推理方法。

三、教学过程

（一）情境导入

【故事讲述】福尔摩斯和华生在研究案子时，福尔摩斯用烟草来清醒头脑，华生突然问福尔摩斯是否能测量冒出的青烟的质量。福尔摩斯回答只需要用烟丝点燃前后的总质量相减即可。

【提出问题】我们需要思考福尔摩斯的计算方法是否有科学依据。烟草燃烧时，烟草中的有机物质会分解成一系列气态化合物，包括一氧化碳、二氧化碳、水蒸气和氮氧化物等。这些化合物的质量和数量会随着烟草燃烧而发生变化，因此用烟丝点燃前后的总质量相减，并不能准确测量出冒出的青烟的质量。

【学生活动】学生可以根据这个故事进行讨论和思考，了解烟草燃烧时会产生哪些化合物，以及如何测量气体的质量。学生可以在这个过程中产生对本节课的学习热情，并对科学方法有更深入的认识。

（二）合作探究

1.探究点一：质量守恒定律

【提出问题】本课程中的问题是：在化学反应中，会产生新的物质，那么化学反应之前物质的总质量与化学反应之后生成物质的总质量之间存在怎样的关系？

【学生活动】学生可以提出三种可能情况：①化学反应之前物质的总质量小于化学反应之后生成物质的总质量；②化学反应之前物质的总质量等于化学反应之后生成物质的总质量；③化学反应之前物质的总质量大于化学反应之后生成物质的总质量。在讨论的过程中，老师可以引导学生思考质量守恒定律的概念，并结合具体的实验案例进行深入讲解。学生可以通过这样的学习活动，加深对质量守恒定律的理解，同时也锻炼了自己的思维能力和创造力。

【实验探究一】红磷燃烧前后质量的测定，如表 7-4 所示。

表 7-4　红磷燃烧前后质量的测定

实验步骤	在锥形瓶的底面铺上一层细沙，在上面放上一些红磷，并用带有导管的橡胶塞盖紧，在外部的导管口上系一只气球，然后放在天平上进行称量，记录下此时的总质量 m_1。之后，将锥形瓶取下，将其放在铁架台的石棉网上，用酒精灯进行加热，观察实验现象，接着把锥形瓶重新放回天平称量，记录下此时的总质量 m_2
实验现象	在加热过程中，红磷开始燃烧，红磷燃烧时产生了大量的白烟，气球随之鼓起；在红磷燃烧结束，锥形瓶冷却之后，小气球变得更瘪
反应前总质量	m_1
反应后总质量	m_2
实验结论	氧气+磷 $\xrightarrow{\text{点燃}}$ 五氧化二磷；$m_1=m_2$，化学反应之前物质的总质量与化学反应之后生成物的总质量是相等的

【学生活动】①通过对比前一次实验的印象，思考这次实验的步骤有何不同，这次实验的流程侧重点在哪里；②认真观察并记录实验现象，从微观角度对实验过程进行思考、分析。

【实验探究二】铁钉和硫酸铜反应前后质量的测定，如表 7-5 所示。

表 7-5　铁钉和硫酸铜反应前后质量的测定

实验步骤	在锥形瓶中注入适量的硫酸铜溶液，用橡皮塞把瓶口塞紧，然后将锥形瓶以及几根用砂纸打磨光亮的铁钉放在天平上进行称量，记录下总质量 m_1。然后，把铁钉放入硫酸铜溶液当中，用橡皮塞把锥形瓶塞紧，过一会儿，观察实验现象，并将锥形瓶放在天平上进行称量，记录下总质量 m_2。
实验现象	硫酸铜溶液中的铁钉的表面附着上了一层红色的固体，硫酸铜溶液的颜色也从蓝色变为了浅绿色
反应前总质量	m_1
反应后总质量	m_2
实验结论	硫酸铜+铁，生成硫酸亚铁+铜；$m_1=m_2$，化学反应前物质的总质量与化学反应后生成物的总质量是相等的

【学生活动】①根据之前所学知识，分析和思考实验过程中化学反应的主要原理；②预先猜测实验现象；③根据称重结果得出化学反应前后反应物与生成物总质量守恒的结论。

【教师活动】利用多媒体进行不同实验的演示，如 $O_2+Mg \rightarrow MgO$；$HCl+Na_2CO_3 \rightarrow CO_2+H_2O+NaCl$ 等。

【学生活动】根据导师的引导，对不同的实验进行对比分析，以及在实验现象反映出的信息的基础上进行交流讨论。点燃 $S+O_2=SO_2$

【归纳总结】质量守恒定律的基本内容，见表 7-6。

表 7-6　质量守恒定律的基本内容

化学方程式的意义	实例（$S+O_2 \xrightarrow{\text{点燃}} SO_2$）
质的方面：代表反应物、生成物以及发生反应的条件	反应物是氧气、硫，生成物是二氧化硫，反应发生的条件是点燃
量的方面：代表反应物、生成物之间的质量比；各种物质之间的质量比=相对分子质量×化学计量数之比	$S+O_2 \xrightarrow{\text{点燃}} SO_2$ 32：（16×2）：（32+16×2） 32：32：64 即 1：1：2
化学方程式的意义	实例（$S+O_2 \xrightarrow{\text{点燃}} SO_2$）
代表反应物、生成物之间的粒子数关系（也就是化学式前面的化学计量数之比）	$S+O_2 \xrightarrow{\text{点燃}} SO_2$ 1：1：2

质量守恒定律是化学反应中最基本的规律之一。该定律指出，化学反应前后参与反应的物质的总质量保持不变。这是由于化学反应涉及原子或分子之间的重组，而原子或分子的质量在反应前后是不变的。为了正确理解质量守恒定律，需要注意以下四个方面。

（1）化学反应是指原有物质通过分子重组而形成新物质的过程。因此，质量守恒定律仅适用于化学反应，而不适用于物理变化。

（2）质量守恒定律仅适用于参与了化学反应以及生成的物质。未参与反应的物质不在考虑之列。

（3）在研究过程中，需要考虑所有参与反应和生成的物质，尤其是涉及气体和沉淀的情况。

（4）质量守恒定律仅涉及物质的质量变化，而不考虑体积、热量等其他方面的变化。

质量守恒定律的原因可以用原子或分子的观点解释。化学反应中，原子或分子之间发生结合或分离，但它们的质量是不变的。化学反应前后物质的质量保持不变，这意味着反应前后参与反应的原子或分子数量是相同的。因此，我们可以将化学反应前后的"变和不变"巧记为"六二二"，即原子或分子数量变化不了，但它们之间的组合方式可以变化。

化学反应中，存在六个方面的物理性质是不变的，它们是反应物和生成物的总质量、化学元素种类和总质量、原子种类、原子数目以及原子质量。这些不变性质可以帮助我们确定反应的类型以及反应物和生成物之间的关系。

另外，化学反应也会导致两个方面的物理性质一定会发生改变。第一个方面是物质的种类，即反应前后形成的物质种类是不同的。第二个方面是构成物质的粒子，即原子或分子的组合方式在反应中会发生改变。

除此之外，还有两个方面的物理性质是可能会发生改变的。第一个方面是分子的总数，即在某些反应中，反应物分子的数量可以改变，如水分解反应。第二个方面是元素的化合价，即某些元素在反应中可能会改变其化合价，如氧化还原反应中的氧化和还原反应。

【讨论任务】①碳酸钠粉末和盐酸发生化学反应之后为什么质量会变轻了？这种现象的存在是否违背了质量守恒定律呢？②镁条在燃烧之后为什么质量会增加？这种现象的存在是否违背了质量守恒定律呢？

【知识拓展】在进行验证质量守恒定律的化学实验时，如果在化学反应中有气体参加或者有气体产生，那么实验就必须要在密闭的容器中进行，否则会影响实验结果的准确性。

2.探究点二：化学方程式

【提出问题】根据质量守恒定律的原理，正确书写化学方程式的要求是什么？

【交流讨论】学生根据教材内容自主进行知识点总结。

【归纳总结】

化学方程式：通过化学式来表示化学反应的式子。

化学方程式的意义。

化学方程式的读法。

$C + O_2 \xlongequal{点燃} CO_2$：碳和氧气在点燃条件下反应生成了二氧化碳。

四、板书设计

质量守恒定律

（1）质量守恒定律

（2）化学方程式

定义：用化学式表示化学反应的式子

意义：①反应物、生成物及其反应条件；②反应物、生成物的质量比；③反应物、生成物的粒子数比。

五、教学反思

优点：这堂课充分体现了化学教学的实验基础和新课程改革的要求。在教师的引导下，学生进行了大量的自主探究活动，使知识获取与能力提升相结合。

缺点：有些教学环节中，学生的课堂主体地位还不够明显。

六、课堂练习

（1）下列说法中，不符合质量守恒定律的一项是（　　）。

A.木炭在燃烧完之后，炭灰的质量要小于木炭的质量

B.镁条在空气中燃烧过后，生成物的质量要大于镁条的质量

C.8g 氧气和 8g 氢气在发生反应之后生成了 9g 的水

D.8g 氧气和 2g 氢气在发生反应之后生成了 10g 的水

（2）ag 硫在 bg 氧气中燃烧，两者恰好完全发生了反应，并且生成了 cg 的二氧化硫，关于这一过程，下列描述有误的一项是（　　）。

A.该反应前后氧原子和硫原子的总数是不变的

B.a 和 b 的总质量与 c 是相等的

C.该反应前后氧元素和硫元素不变

D.该反应前后分子总数不变

（3）某种纯净物在氧气当中完全燃烧之后生成了二氧化碳和水，下列关于该物质的叙述当中，判断正确的一项是（　　）。

A.一定包含氢元素、碳元素，但一定不包含氧元素

B.一定包含氢元素、氧元素、碳元素

C.一定包含氧元素、碳元素，可能包含氢元素

D.一定包含氢元素、碳元素，可能包含氧元素

（4）已知某化学反应的方程式为 2A+B=C+D，其中 7gA 和 20gB 恰好可以完全反应生成 16gC，已知 D 的相对分子质量为 44，那么以下说法中正确的是（　　）。

A.A 的相对分子质量为 2

B.B 的相对分子质量为 80

C.A、B、C、D 中相对分子质量最大的是 C

D.14gA 参加反应可以生成 22gD

（5）在所有的化学反应当中，发生反应前后，_____的种类没有发生改变，_____的数目没有出现增减，_____的质量没有发生变化，所以在化学反应前后，所有反应物和所有的生成物的_____一定是相等的。

（6）如果用足量的氢气去还原 24 克的氧化铜，那么可以得到多少克纯铜？

（7）在某实验当中需要 34.8 克 O_2，如果通过加热 $KClO_3$ 的方法来制取所需的氧气，那么需要将多少克的 $KClO_3$ 进行分解？在分解过程中，产生的 KCl 质量为多少？

（8）A 为一种无色的液体，在一定的条件下，A 可以分解为 BC 两种气体，如果把点燃的硫放入 B 气体当中，硫会燃烧得更加旺盛，同时会散发出明亮的蓝紫色火焰，并且生成一种带有刺激性气味的气体 D。如果把 C 气体通入加热的氧化铜当中，则可以生成 A 和 E。

①根据上述实验流程判断，A、B、C、D 四种物质可能是_____（填写化学式）。

②请写出下列化学反应的方程式：A→B+C_____；C+CuO→A+E_____。

第四节 "金属的化学性质"教学设计

一、教学目标

（一）知识与技能

1.初步了解铜、铝、铁等常见金属与氧气的反应。
2.对金属的活动性顺序和置换反应有了初步的了解。

（二）过程与方法

1.学会使用实验、观察等方法获取信息，并用图表、文字和化学语言描述信息。
2.学会通过分类、比较、概括、归纳等方式对信息进行加工处理，逐渐养成科学的学习习惯和方法。

（三）情感态度与价值观

1.激发学生对化学学习的热情。
2.培养学生勇于实践、严谨求实、勤于思考的科学精神。
3.帮助学生深入了解化学知识与日常生产和生活的紧密联系。

二、教学重难点

（一）教学重点

通过实验探究，让学生掌握常见金属的活动性顺序。

（二）教学难点

1.利用金属的活动性顺序解释生产和生活中的实际问题。

2.利用金属的活动性顺序判断金属置换反应是否会发生，并确定化学反应方程式的书写方法（特别是亚铁离子）。

三、教学过程

（一）情境导入

【引入问题】在多媒体的辅助下，教师向学生展示了一组古代金属文物的图片，其中包括金、银、铜、铁等金属制品。学生可以看到，有些金属制品保存得完好无损，而有些金属制品已经严重腐蚀。

【学生活动】学生思考：为什么同样是金属制品，保存完好的与腐蚀的出现这么大的差异？这些差异与金属的哪些性质相关呢？

（二）合作探究

1.探究点一：金属与氧气的反应

【提出问题】我们已经学习了一些金属和氧气之间的化学反应，但是这些反应都有什么共同之处呢？它们之间的反应有什么规律可循吗？

【学生活动】学生根据以往所学知识进行了总结：①铁和氧气发生点燃反应的化学方程式为 $2O_2 + 3Fe \xrightarrow{\text{燃烧}} Fe_3O_4$，在燃烧过程中，会出现剧烈的燃烧，火星四溅，生成一种黑色固体；②镁和氧气发生反应的化学点燃方程式为 $2Mg + O_2 \xrightarrow{\text{点燃}} 2MgO$，在燃烧过程中，镁条会剧烈燃烧，发出特别耀眼的白光，并且会生成白色的氧化镁固体；③铝和氧气发生反应点燃的化学方程式为 $4Al + 3O_2 \xrightarrow{\text{燃烧}} 2Al_2O_3$，铝不能在空气中燃烧，只能在氧气中燃烧，在燃烧时会发出耀眼的强光，释放出热量，生成白色的三氧化二铝固体。

【教师活动】利用多媒体演示铁、镁、铝在氧气中燃烧的实验，呈现出燃烧时的现象。此外，还演示了用酒精灯外焰加热铜丝和金戒指的实验，观察加热后的变化。

【学生活动】学生观察铁、镁、铝在氧气中燃烧的现象，比较三种金属燃烧的剧烈程度，发现镁、铝的燃烧比铁更为剧烈。此外，通过加热铜丝和金戒指的实验，观察两种金属加热后的变化，发现铜丝先变成黑色，再变成红色，而金戒指的表面变化不大。

【教师活动】带领学生思考，将教学内容与实际生活经验结合起来，思考生活中有哪些现象或者课外积累的哪些知识可以反映出金属的活动性顺序。

【学生活动】学生进行了思考和总结，例如：金属锈蚀的现象、金属的耐蚀性、热处理等等。学生还举了一些例子，如"金属锈蚀的速度与金属的种类和湿度有关""不同金属在热处理时的温度和时间有所不同，这与金属的活性有关"等。通过这些例子，学生更深入地了解了金属的活动性顺序以及与之相关的知识。

【教师活动】引导学生根据各种实验现象以及生活经验对常见金属的活动性顺序进行初步的归纳。

【学生活动】学生经过知识总结初步对金属的活动性顺序进行了排序：镁＞铝＞铁＞铜＞金。

【思考任务】通过学习过程可以了解到铝的化学性质比铁更为活泼，但为什么在生活中我们经常看到铁制品生锈而很少看到铝制品生锈呢？这是因为铝与空气中的氧气反应会形成一层致密的氧化铝膜，这层膜可以防止铝与空气中的氧气进一步反应，从而保护了铝制品的表面。但是，在清洗铝制品时需要注意，不能使用强碱性或强酸性清洗剂，因为这些物质会破坏氧化铝膜，导致铝制品表面腐蚀。

【学生活动】实际情况表明，铝确实会发生氧化并产生氧化铝（化学方程式为 $4Al + 3O_2 \xrightarrow{\text{点燃}} 2Al_2O_3$）。氧化铝具有非常稳定的化学性质，耐高温和潮湿，它可以紧密地附着在铝制品表面形成一层保护膜，从而防止铝继续氧化。

因此，铝制品不会像铁制品一样严重锈蚀。在清洗铝制品时，需要注意避免使用刮擦或钢刷等工具，以免破坏氧化膜并损坏铝制品的保护层。

【知识拓展】铝和镁都是常见的金属元素，它们在常温条件下就可以和氧气发生反应。例如，铝在常温下可以和空气中的氧气发生化学反应，并在金属表面形成一层氧化铝薄膜，从而防止铝制品进一步氧化。这也是为什么铝制品的抗腐蚀能力比较强的原因之一。铝是一种轻质、耐腐蚀、良好导电和导热的金属，在建筑、汽车、航空航大、电子、包装等领域得到了广泛的应用，是现代工业中不可或缺的材料之一。而镁也是一种轻质金属，具有良好的加工性和强度，常用于制造航空、汽车、摩托车、电动工具等产品中。

2.探究点二：金属与酸的反应

【提出问题】上述探究活动初步了解了一些金属的化学性质以及活动性的规律，但为了对更多金属的活动性顺序规律进行研究，需要通过更广泛的途径进行探索。

【学生活动】学生讨论是否能借鉴类似的方法来探究铜、铁、铝、镁、锌等金属的活动性。

【教师活动】引导学生对新的探究活动进行猜想、设计。

【学生活动】探究：哪些金属能与酸发生化学反应？反应的强烈程度如何？预测铜、铁、锌、镁在酸中可能出现的反应现象。设计：①不能使用酸性的二氧化硫溶液进行探究，应选择稀硫酸或稀盐酸溶液；②应控制与不同金属进行反应的酸性溶液，如酸性溶液的浓度等方面要尽量相同；③为了观察实验现象更准确，要保证金属的质量尽量相等；④应认真观察金属与酸性溶液发生反应的强烈程度，可以对实验的反应进行记录或者估计。

【实验探究一】金属与稀盐酸反应。

【实验步骤】取四支试管，在这几个试管中分别放入两小块打磨光洁的铜片、铁片、锌片、镁片，然后在每支试管中依次加入 5 mL 的稀盐酸。

【教师活动】对实验操作的规范以及检验产生气体的方法进行简单的讲解。

【学生活动】学生对实验的现象进行认真观察，比较不同金属与稀盐酸发生反应的剧烈程度，同时将一个点燃的小木条放在试管口，认真观察并记录实验的现象。

【学生总结】见表 7-7。

表 7-7　学生总结记录

金属	反应时间及其现象	生成物	化学反应方程式
镁	很快发生了剧烈的反应，白色固体溶解，并在固体表面生成了大量的气泡，得到了无色的溶液。产生的气体可以燃烧，并发出淡蓝色的火焰	氯化镁、氢气	$Mg+2HCl=MgCl_2+H_2\uparrow$
锌	发生反应的速度与镁相比要稍慢，锌片逐渐发生溶解并向球形的形状趋近，在与稀盐酸的接触面上会产生大量的较细小的无色气泡，在气泡的作用下，锌片会在溶液中呈现不规则（有很强的随机性）运动，明显发热，挥发出有刺激性的气味。产生的气体可以燃烧，并发出淡蓝色的火焰	氯化锌、氢气	$Zn+2HCl=ZnCl_2+H_2\uparrow$
铁	铁与稀盐酸发生反应的速度是比较慢的，在反应过程中，溶液中会有大量的气泡产生，铁片逐渐减小，溶液由无色变为浅绿色。同时，溶液产生的气体可以燃烧，燃烧时会发出蓝色的火焰	氯化亚铁、氢气	$Fe+2HCl=FeCl_2+H_2\uparrow$
铜	铜与稀盐酸溶液没有发生可以观察到的实验现象	无	无

【实验探究二】金属与稀硫酸反应。

【实验步骤】将"实验探究一"中的稀盐酸替换为稀硫酸。

【教师活动】对实验操作的规范以及检验产生气体的方法进行简单讲解。

【学生活动】学生对实验的现象进行认真观察，比较不同金属与稀硫酸发生反应的剧烈程度，同时把点燃的小木条放在试管口，认真观察并记录实验的现象。

【学生总结】见表 7-8。

表 7-8　学生总结记录

金属	反应时间及现象	生成物	化学反应方程式
镁	很快发生了剧烈的反应，白色固体溶解，并在固体表面生成了大量的气泡，得到了无色的溶液。产生的气体可以燃烧，并发出淡蓝色的火焰	硫酸镁、氢气	$Mg+H_2SO_4=MgSO_4+H_2\uparrow$
锌	发生反应的速度与镁相比要稍慢，锌片逐渐发生溶解并向球形的形状趋近，在与稀硫酸的接触面上会产生大量的较细小的无色气泡，在气泡的作用下，锌片会在溶液中呈现不规则（有很强的随机性）运动，明显发热，挥发出有刺激性的气味。产生的气体可以燃烧，并发出淡蓝色的火焰	硫酸锌、氢气	$Zn+H_2SO_4=ZnSO_4+H_2\uparrow$
铁	铁与稀硫酸发生反应的速度是比较慢的，在反应过程中，溶液中会有大量的气泡产生，铁片逐渐减小，溶液由无色变为浅绿色。同时，溶液产生的气体可以燃烧，燃烧时会发出蓝色的火焰	硫酸亚铁、氢气	$Fe+H_2SO_4=FeSO_4+H_2\uparrow$
铜	铜与稀硫酸溶液没有发生可以观察到的实验现象	无	无

【教师活动】引导学生对从实验中获取的信息进行处理，并通过合作讨论的方式归纳结论。

【学生活动】各组学生通过对以下问题的讨论获取信息：①能够和稀盐酸、稀硫酸溶液发生反应的金属以及不能发生反应的金属有哪些？②发生反应的速度和剧烈程度是怎样的（对反应差异大的进行讨论）？

【学生总结】活泼的金属（能够和稀盐酸、稀硫酸发生反应）有镁、锌、铁，不活泼的金属（不能和稀盐酸、稀硫酸发生反应）有铜。因此，这几种金属的活动性顺序为：镁＞锌＞铁＞铜。之后，各小组学生展示各自的结论并进一步互动讨论。

【教师活动】教师提出质疑：大家通过观察得出的结论是否十分准确？然后利用多媒体播放"金属和盐酸反应的比较"的 Flash 动画。

【学生活动】学生对比自己的探究过程进行反思。

【教师活动】引导思考：由于有些金属不能和酸性溶液发生反应，如银、铜等，那么应该怎样判断这些金属的活动性顺序呢？提出要求：对银、铜、铝的活动性顺序进行探究。①设计探究的方案；②预测实验的现象；③得出合理的判断。提示：可以将金属与硝酸银发生反应。

【学生活动】学生经过讨论，认为还可以借鉴之前所学的铁钉和硫酸铜之间发生反应的方法进行研究（如果有学生提出可以用银与硫酸铜溶液进行反应，教师不能否认该实验方案的合理性，如果有条件，教师应事先给学生准备好相关的实验材料）。

【教师活动】引导学生对实验探究的流程进行思考。

【学生活动】结合教材内容，并根据自己的理解对实验设计进行创新，然后进行自主实验，并对实验的现象进行认真的观察与记录。

【学生总结】见表 7-9

表 7-9　学生总结记录

实验	现象	方程式
铜和硝酸银溶液	铜的表面附着上了银白色的固体，溶液由无色变为蓝色	$Cu+2AgNO_3=2Ag+Cu(NO_3)_2$
铝和硫酸铜溶液	铝的表面有红色的固体析出，溶液的颜色变浅	$2Al+3CuSO_4=3Cu+Al_2(SO_4)_3$
铜和硫酸铝溶液	无	无

【教师活动】根据这一实验的结果，可以引出置换反应的概念，即由一种单质和一种化合物反应生成另一种单质和另一种化合物的反应。反应通式

为 A+BC=B+AC。通常情况下，金属只能将活动性顺序在其之后的金属化合物中的金属置换出来，而不能将活动性顺序在其之前的金属化合物中的金属置换出来。

【学生活动】根据上述实验结果，学生们进行了金属活动性的排序，结果为铝＞铜＞银。

【课堂小结】在课堂中，我们学习了金属的主要化学性质，包括活泼金属的共性以及它们与氧气和酸性溶液的反应。此外，我们还学习了金属的活动性顺序，即越在前面的金属越活泼，在化学反应中可以将活动性顺序在其之后的金属置换出来。而氢前面的金属则可以置换氢。通过实验和学习，我们可以在溶液中观察金属之间的互置换现象。

四、板书设计

金属的化学性质

（1）金属和氧气的反应。

镁、铝常温下比较容易发生反应，铜、铁在常温下的反应是比较慢的，金在高温下也不反应。

（2）金属与稀硫酸、盐酸的反应

（3）置换反应的应用

五、教学反思

【可取之处】本节课程采用多层次的科学探究方法进行教学，贯穿了建构主义的教学思想，能够满足学生的心理特点，提高学生的学习积极性，使学生对知识有更深刻的理解。

【不足之处】由于课程内容比较丰富，且准备时间较紧，因此探究活动的安排有些仓促，需要在今后的教学中加以改进。

六、课堂练习

（1）将过量的铁粉加入氯化镁和氯化铜混合溶液中，经充分反应后进行过滤，留在滤纸上的物质为（　　）。

A.Cu　　　　B.Cu 和 Fe　　　　C.Cu 和 Mg　　　　D.Fe

（2）A、B、C、D 为四种金属单质，A 可以从 B 的硝酸盐溶液中置换出 B，但 A 不可以和稀盐酸发生反应。在相同的条件下，C、D 可以和稀盐酸发生反应，并且产生 H2，同时 D 比 C 的反应要更加剧烈。根据以上条件，可以判断这四种金属单质活动性顺序从强到弱为（　　）。

A.（B、A、C、D）

B.（A、B、C、D）

C.（D、C、B、A）

D.（D、C、A、B）

（3）在一堂化学实验课中，一个学生为了验证 Cu、Fe、Zn 这三种金属的活动性顺序，设计出了以下四种方案：①把 Cu、Zn 分别加入 $FeSO_4$ 溶液当中；②把 Cu、Zn 分别加入 $ZnSO_4$ 溶液当中；③把 Zn 分别加入 $FeSO_4$ 溶液和 $CuSO_4$ 溶液当中；④把 Fe 分别加入 $CuSO_4$ 溶液和 $ZnSO_4$ 溶液当中。在这些方案当中，比较可行的有（　　）。

A.①②

B.①④

C.③④

D.②③

（4）向含有 $Cu(NO_3)_2$ 和 $AgNO_3$ 的混合溶液当中添加一定量的锌粉，待充分反应之后进行过滤，向滤出的固体当中滴入稀盐酸，此时没有气体产生。那么下列说法中正确的一项是（　　）。

A.滤出的固体一定是 Cu 与 Ag 的混合物

B.滤出的固体一定包含 Ag

C.滤液当中一定有 $Cu(NO_3)_2$ 和 $Zn(NO_3)_2$

D.滤液当中一定没有 $Cu(NO_3)_2$ 和 $AgNO_3$

（5）金属 X 是生活当中比较常见的一种金属，这种金属的部分性质如表 7-10 所示。

表 7-10　金属 X 的部分性质

颜色状态	硬度	密度	熔点	导电性	导热性	延展性
银白色固体	软	7.9g/cm³	1525℃	良好	良好	良好

如果把这种金属投入盐酸当中，会有大量的气泡产生。请根据上述这些描述信息回答以下问题：

①请你推断金属 X 可能的一种用途。

②如果把金属 X 投入硫酸铜溶液当中，可观察到什么现象？

③请你自己选择试剂，设计实验比较金属 X 与 Mg 的活动性强弱，完成表 7-11。

表 7-11 学生设计实验

你对金属 X 的一种猜想	操作	现象	结论
			假设成立，金属 X 的活动性比 Mg 要弱

（6）在一次化学实验课前，两位学生——小明与小红在帮助老师整理实验室时，发现了两个没有标签的试剂瓶内分别放有两种用砂纸打磨光亮的银白色金属。对此，小明和小红都非常好奇这两种金属分别是什么，并设计了一组实验来研究它们的活动性顺序。小明认为金属 X 的活动性要大于金属 Y，而小红则认为金属 Y 的活动性要大于金属 X。

①进行猜想：小明的猜想是 X 的活动性要大于 Y，小红的猜想是 Y 的活动性要大于 X。

②设计实验方案，进行实验，获得知识，完成如表 7-12 所示的实验报告，并回答后续有关问题。

表 7-12　实验报告

实验步骤	实验现象	结论
	金属 Y 表面没有明显变化，金属 X 的表面有气泡冒出。将燃烧的木条放在装有金属 X 的试管口，气体开始燃烧	小明的猜想：_____（"正确"或者"不正确"）

③在进行上述实验之前，老师告诉他们 X 与 Y 是银和铁当中的各一种，那么根据实验的结果可以说明 Y 就是_____。实验室急需一定量的 Y 粉末，小明认为可以用现有的 X 金属粉末和 Y 的盐溶液、蒸馏水等药品，配以必要的仪器来制得急需的 Y 粉末，原因是_____（用该反应的化学方程式表示）。

④老师经过分析得知制得的 Y 粉末当中含有未完全反应的 X 粉末，如果用化学方法将杂质 X 粉末分出去该怎么操作？两名学生经过讨论，一致认为有一种试剂可以选择，这种试剂是_____。

第五节　"清洁的燃料——氢气"教学设计

一、教材分析

在正式学习燃料之前，我们之前已经学习了氧气的特性、用途以及实验室制备方法，我们知道了物质的特性可以决定它的用途。同时，我们也学习了有关燃烧和爆炸的相关知识。本节课我们将会学习到一种干净的燃料——氢气，了解氢能源的优劣，从而为我们接下来学习的碳燃料和能源开发打下基础。

二、学情分析

我们班的学生对于化学学科的学习积极性非常高，基本上掌握了化学概念。但是，学生们动手操作和语言表达的能力还不是很强。考虑到这个实际情况，我们尽量让学生多动手，多口头表达，训练他们描述实验操作和实验现象的表达能力。对于一些危险性较小的实验，我们会让学生亲自去做，这样可以提高他们的实验技能和安全意识。

三、设计思路

本节课使用多媒体辅助教学，通过开业大吉的喜庆场面和配以音乐背景，使学生能够以轻松、愉快的心情进入本节课。但是，如果多媒体使用不当，可能会引发危险。在本节课中，通过氢气燃烧发生的火灾事故引起学生的关注，鼓励他们思考使用某种物质时必须了解其性质。学生通过实验探究氢气的物理性质、可燃性和验纯方法，从而了解该物质的性质。由于氢气燃烧的产物是水，本节课还引入了氢能源及其使用的内容。为了使学生能够直观地观察氢气的性质，可以采用实验和多媒体相结合的方法进行教学。

四、教学目标

（一）知识与技能

1.了解氢气的物理性质，如密度、可燃性等。
2.了解氢气燃烧的化学反应及其产生的产物，如水蒸气等。
3.知道在点燃氢气前必须进行纯度检验，以确保实验安全和可靠性。

（二）过程与方法

1.通过探究学习氢气的性质和特点，了解其在实验和工业应用中的重要性。
2.认识遵守实验规程对实验安全和可靠性的重要性，自觉遵守相关规定和标准。
3.初步学会通过实验检验氢气的纯度，掌握检验方法和技巧。

（三）情感态度与价值观

认识到氢气作为一种高能洁净燃料的潜力，初步树立了节能环保的意识，强调能源的可持续性和环境保护的重要性。

五、教学重、难点和教学准备

（一）教学重点

氢气的物理性质及可燃性、氢气的验纯。

（二）教学难点

氢气的物理性质及可燃性、氢气的验纯。

（三）教学准备

启普发生器、水槽、试管、酒精灯、小木条、肥皂水、小烧杯、带孔小塑料药瓶、锌粒、稀硫酸。

六、教学过程

（一）情景导入

【教师活动】在教学中，教师可以利用多媒体展示 2010 年 12 月西安市钟楼附近的火灾场景和事故原因，让学生深刻认识到火灾对人们生命财产造成的巨大危害。

【学生活动】通过观看视频了解火灾带来的危害。

【设计意图】通过学生身边的事故，使学生在生产和生活中注意安全。

【教师活动】设问：怎样才能正确使用氢气，不发生危险呢？

【学生活动】了解氢气的性质，正确地操作，正确使用氢气。

【设计意图】进一步强化"性质决定用途"。

（二）新课学习

【教师活动】这节课一起学习洁净的燃料——氢气，使学生明确具体的学习目标。

【学生活动】明确本节课的学习内容及学习目标。

【设计意图】使学生明确本节课的学习内容与任务。

【教师活动】演示实验1：氢气吹肥皂水，并点燃肥皂泡。

【学生活动】几名学生协助教师完成实验，其余学生观察实验，并叙述实验现象。同时，思考原因并试着进行总结。

【设计意图】锻炼学生的操作能力和语言表达能力。

【教师活动】设问：你观察到了哪些现象？

【学生活动】肥皂泡迅速地上升，点燃肥皂泡会燃烧。推测氢气要比空气轻，氢气具有可燃性。

【设计意图】提高学生的观察力、表达力以及思维能力。

1.氢气有哪些物理性质

【教师活动】结合实验，阅读教材，引导学生整理、总结。让学生对照氧气的物理性质，注意二者的区别与相似性质。

【学生活动】

（1）通常状况下，氢气是无色、无味的气体。

（2）0℃，101.3kPa下，密度ρ=0.090g/L（相同条件下密度最小的气体）。

（3）极难溶于水。

（4）沸点为-252℃，熔点为-259℃；101.3kPa，-252℃时，氢气变为无色液体；101.3kPa，-259℃时，氢气又变成雪状的固体。

【设计意图】训练学生的总结能力和表达能力，使其学会归纳、类比等学习方法。

2.氢气有哪些化学性质

【教师活动】演示实验2：点燃纯净的氢气。

【学生活动】观察并记录实验现象。

【设计意图】从火焰颜色、生成物、放出热量等几个方面，观察相应的实验现象。

【教师活动】设问：你观察到哪些现象？你能写出反应方程式吗？

【学生活动】纯净的氢气在空气中安静地燃烧，产生淡蓝色火焰，烧杯内壁有水珠，烧杯发烫（放出热量）；反应方程式：$2H_2+O_2=2H_2O$。

【设计意图】练习描述实验现象，学生能书写化学方程式。

【教师活动】演示实验3：点燃氢气与空气的混合气体。

【学生活动】观察并思考其中的原因。

【设计意图】培养学生分析问题的能力，引导其试着用语言表达。

【教师活动】

（1）设问：你观察到了什么现象？为什么会出现这种现象？

（2）利用多媒体展示点燃不纯氢气发生爆炸，并向学生解释原因。

（3）两次实验的实质均为氢气和氧气反应，但现象却不同，为什么？你能写出后者的化学方程式吗？通过氢气的燃烧，你能推测水的组成元素吗？

【学生活动】听到巨大的爆炸声，小塑料瓶被高高掀起；水是由氢元素和氧元素组成的。

【设计意图】阅读、体会、讨论。书写相应的反应方程式。全面描述实验现象。给学生呈现规范表达，使其能够透过现象了解本质。

【教师活动】

（1）演示实验4：氢气的验纯。（氢气的爆炸极限与验纯由于不纯的氢气点燃可能发生爆炸，所以点燃氢气前，一定要检验氢气的纯度。）

（2）讨论：两位同学用向下排空气法收集氢气做氢气验纯实验。甲同学用小试管收集氢气，并管口向下移近酒精灯火焰，结果听到尖锐的爆鸣声。他未经任何操作，便马上用同一只试管去收集氢气，准备再一次验纯。而乙同学将收集了氢气的试管管口向上移近酒精灯火焰，没有听到爆鸣声，于是判决氢气已纯。请问两位同学的操作是否正确？为什么？

【学生活动】

（1）阅读教材，说出氢气的爆炸极限。

（2）氢气是一种易燃、易爆气体。当空气里混入氢气的体积达到总体积的4%—74.2%时，点燃时就会发生爆炸，这个范围叫作氢气的爆炸极限。

（3）理解检验氢气纯的原因，知道验纯的方法：用拇指堵住试管口，移近火焰，移开拇指点火，"噗"的一声证明氢气纯净，尖锐的爆鸣声证明氢气不纯。

（4）不正确！甲同学应用拇指按住试管口一会儿，使管内氢气燃烧的火焰熄灭后，才能收集氢气，否则易引起爆炸。乙同学没有听到爆鸣声，不能说明氢气已纯。因为氢气的密度小，容易逸散到空气中，使试管内部的氢气体积分数小于4%，不会听到爆鸣声。

【设计意图】培养学生的阅读能力和表达能力；展示本节课的难点和重点；认识实验操作的规范性。

【教师活动】设问：学习了氢气的性质后，推测氢气有哪些用途？氢气充气球有哪些优点和缺点？用什么可以代替氢气？氢气作为燃料有哪些优点和缺点？为什么氢能源目前尚未得到广泛的应用？

【学生活动】

（1）用途：充气球、做燃料。氢气球易燃烧爆炸，可以用氦气代替氢气充气球。

（2）通过阅读教材，我们可以了解到氢能源的优缺点以及未能广泛应用的原因。氢气的优点在于产物是水，无污染，同时其燃烧放热多，热值高，且制取氢气的原料来源广泛。然而，氢气也存在一些缺点。首先，制取成本较高，这是制约氢能源广泛应用的重要因素之一。此外，氢气的制造、储存、运输等方面还存在许多技术问题没有完全解决，这也是导致其应用受到限制的原因之一。因此，我们需要进一步探索氢能源在制造和应用方面的技术，以实现氢能源的可持续利用和广泛应用。

【设计意图】性质决定用途；鼓励学生努力学习，为将来新能源的开发与利用做出贡献。

（三）课堂小结

【教师活动】设问：本节课你学到了哪些知识？

【学生活动】小结氢气的物理性质、可燃性、氢气的验纯以及氢能源的优点。

【设计意图】学会知识的归纳。

(四) 课堂练习

【教师活动】练习与作业大屏幕展示。

【学生活动】练习与巩固。

【设计意图】培养知识的运用能力。

七、板书设计

清洁的燃料——氢气

(一) 氢气的物理性质

1.通常状况下，无色、无味的气体。

2.0℃，101.3kPa 下，ρ =0.090g/L（相同条件下密度最小的气体）。

3.极难溶于水。

4.101.3kPa 下，沸点为-252℃（-252℃时氢气变为无色液体），熔点为-259℃（-259℃时氢气变成雪状固体）。

(二) 氢气的化学性质

可燃性，$2H_2 + O_2 \xrightarrow{点燃} 2H_2O$。

纯净：安静燃烧，淡蓝色火焰。

不纯：爆炸（极限为 4%—74.2%）。点燃氢气前，一定要检验氢气的纯度。

(三) 氢气是理想的高能燃料

最大优点：燃烧产物是水，无污染。

第六节 "金属资源的利用和保护"教学设计

一、教学目标

（一）知识与技能

1. 掌握铜、铁、铝等常见金属的矿物，并学习从铁矿石中还原铁的方法。
2. 了解铁生锈的条件，以及防止铁生锈的原理和方法。

（二）过程与方法

1. 采用实验和观察等方式，让学生深入了解炼铁的基本原理，并认识到化学原理在实际生产中的重要指导作用。
2. 通过实验和观察等方法，使学生认识到导致铁生锈的条件，从而增强学生对金属资源有限性的认识，并引导学生了解如何保护金属资源。

（三）情感态度与价值观

1. 介绍中国古代炼铁及现代钢铁产业，让学生了解悠久的冶铁历史，增强爱国热情和民族自豪感。
2. 通过自主探究，激发学生对生活和自然界中化学现象的好奇心和探究欲。
3. 引导学生关注与化学相关的社会问题，提高学生参与社会活动的意识。

二、教学重难点

（一）教学重点

研究工业炼铁基本过程和原理，以及探讨导致钢铁生锈的条件。

（二）教学难点

探究炼铁模拟实验室相关问题，研究钢铁生锈的条件。

三、教学过程

（一）课堂导入

【谈话导入】金属在人们的生活中扮演着重要的角色。它广泛应用于各行各业，对人类社会的发展不可或缺。但是，地球上的金属资源是非常有限的。为了保护这些资源并有效利用它们，我们需要学习与金属资源相关的知识。在这个话题中，我们将探讨如何更加合理地利用这些资源并保护它们。

（二）新课讲授

1.金属资源的存在

【教师活动】在上课前，教师可以让学生提前了解一些常见金属的相关知识，以便更好地进行课堂教学。

【学生活动】学生应结合自身实际生活，收集和整理与金属知识相关的资料。在课堂上，学生应该展示和介绍他们搜集到的资料，以此来提高他们的信息搜集和交流表达能力。

【提出问题】①就目前实际情况而言，广泛应用的金属有哪些呢？②这些金属之所以应用广泛，与它们在地壳中的含量有关吗？③自然界中含有铜、铝、铁的矿石有哪些？这些矿石的主要成分是什么？

【教师活动】教师利用图片演示向学生展示了"地壳中主要元素含量百分比图"（图7-1），并提供相关文字材料作为补充。

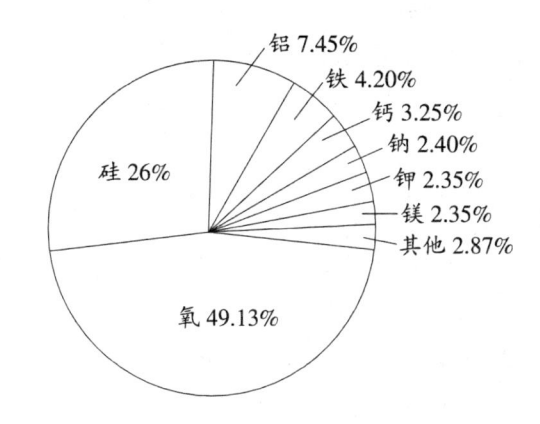

图 7-1 地壳中主要元素含量百分比

【学生活动】学生可通过图片和文字材料学习地壳中的主要金属元素及其存在形式，从而锻炼观察能力、丰富常识、扩展知识视野。

【学生总结】①在自然界中，通常可以找到一些含有丰富金属元素的金属以单质形式存在；②常见的金属矿及其主要成分包括赤铁矿（Fe_2O_3）、辉铜矿（Cu_2S）、黄铜矿（$CuFeS_2$）、铝土矿（Al_2O_3）、菱铁矿（$FeCO_3$）、磁铁矿（Fe_3O_4）等。

【过渡】目前生产和生活中最广泛使用的金属是铁。那么，你知道铁是如何冶炼出来的吗？接下来，我们将学习一些有关铁冶炼的知识。

2.铁的冶炼

（1）探究点一：工业炼铁

【教师活动】通过多媒体展示多张图片，包括我国古代冶炼铁的照片、上海宝山钢铁公司高炉冶炼的图片，以及1996年发行的纪念中国钢产量突破1亿吨的邮票。

【学生活动】学生通过多媒体展示的图片，了解我国炼铁的悠久历史及发展，以及中华人民共和国成立后冶铁业的快速发展。

【教师活动】教师运用多媒体视频向学生演示了工业炼铁的流程，并引导他们学习其中的化学反应过程。

【学生活动】学生观看视频后思考两个问题：①铁的冶炼中有哪些化学反应？它们的化学表达式是什么？②分析在高炉炼铁过程中焦炭和石灰石的

作用。要求回答以上问题。

【合作讨论】学生通过小组讨论初步总结了炼铁过程：①焦炭、铁矿石和石灰石是主要原料；②炼铁的主要原理如下：

$$C+O_2 \xrightarrow{点燃} CO_2 ； CO_2+C \xrightarrow{高温} 2CO ； Fe_2O_3+3CO \xrightarrow{高温} 2Fe+3CO_2$$

【过渡】炼铁过程中，所有原料和产物都带有一定杂质。因此，应使用特定的方法计算生铁的理论产量。

【教师活动】教师利用例题讲解生铁冶炼计算。

【例题讲解】我国一直是全球钢铁产量最高的国家之一，因此每年需要大量进口铁矿石，其中赤铁矿（主要成分为氧化铁）是其中一种。以下是两个问题：①氧化铁中铁元素的质量分数是多少？②在 1000 吨含 80%氧化铁的赤铁矿中，氧化铁的质量是多少？如果用这些赤铁矿冶炼生铁，那么理论上可以生产多少含有 4%杂质的生铁呢？

解析：氧化铁当中铁元素的质量分数为 $\frac{56 \times 2}{56 \times 2+16 \times 3}=70\%$；在 1000 吨的氧化铁含量为 80%的赤铁矿当中，氧化铁的质量为 1000×80%=800 吨；设理论上可以冶炼出包含 4%杂质的生铁质量为 x，则。

$$Fe_2O_3+3CO \xrightarrow{高温} 2Fe+3CO_2$$

$$160 \qquad\qquad\quad 112$$
$$800 \qquad\qquad\quad X×（1-4\%）$$
$$160：112=800：X×（1-4\%）$$
$$X=583（吨）$$

因此，本题的答案为：①70%。②800 吨；583 吨。

【学生活动】学生思考钢、生铁、铁矿石等物质的性质，包括其是否为混合物或纯净物。同时对冶炼生铁的计算过程的解题思路进行总结概括。

（2）探究点二：实验室炼铁

（3）【实验概述】见表 7-13。

表 7-13 实验概述

实验步骤	①对实验装置的气密性进行认真的检查；②将实验药品装入并放在固定位置；③通入一氧化碳；④用酒精灯对氧化铁进行加热
实验现象	红色的固体逐渐变为黑色的粉末，澄清的石灰石也逐渐变得浑浊，实验过程中产生的尾气可以燃烧，并且会产生蓝色的火焰
化学方程式	$C + O_2 \xrightarrow{点燃} CO_2$；$CO_2 + C \xrightarrow{高温} 2CO$；$Fe_2O_3 + 3CO \xrightarrow{高温} 2Fe + 3CO_2$
注意事项	①在实验开始的时候，要首先通入一氧化碳，然后再点燃酒精灯，这样可以将导管中的空气完全排除，以免发生爆炸；②在实验结束的时候，要首先熄灭酒精灯，然后再停止通入一氧化碳，以防止空气在高温下又生成氧化铁

【学生活动】学生需认真听取教师关于实验步骤和实验用品介绍，随后在教师引导下进行自主实验，并认真观察和记录实验现象。同时，需思考以下问题：①在实验过程中，如何保护周围环境？②怎样验证实验产物是否为铁？要求回答以上问题。

3.金属的保护

【过渡】据相关调查统计，全球每年大约有 1 亿吨钢铁设备因金属腐蚀而报废，这相当于全球年钢铁产量的 20%至 40%。据估算，这些报废设备所造成的经济损失可达到 7000 亿美元。

【提出问题】显而易见，1 亿吨金属，价值高达 7000 亿美元的经济损失令人震惊。对于钢铁设备的保护，最关键的环节是什么？

【学生活动】学生回答教师的提问：保护钢铁设备最关键的是防止腐蚀，需结合自身知识经验。

【课前准备】教师在本节课前几天引导学生设计实验方案，让他们结合自己的生活经验来探索铁生锈的条件。

【学生活动】根据生活经验，提出以下几种假设：①铁只需接触空气即可生锈；②铁只需接触水即可生锈；③铁需同时接触空气和水才能生锈。请根据假设回答铁生锈的条件。

【实验探究】学生依据自己的假设设计了以下三组实验。

实验一：在试管中加入适量蒸馏水，放入一根铁钉，使其一半浸没在水中，一半暴露在空气中。观察几天后，可以发现铁钉暴露在空气中的部分出现了铁锈，而浸没在水中的部分没有。

实验二：在试管中加入适量经过加热煮沸并迅速冷却的蒸馏水，放入一根铁钉，使其完全浸没在水中，最后倒入少量植物油。观察几天后，可以发现铁钉在水中部分没有铁锈生成，但是浸泡在油中的部分生成了黑色的铁锈。

实验三：将洁净光亮的铁钉放入干燥的试管中，塞入一团有氯化钙干燥剂的棉花并用橡皮塞塞紧试管。观察几天后，可以发现试管中没有铁锈生成。

【实验结果】在实验一中，铁钉出现了轻微的锈蚀，但在实验二和实验三中，铁钉没有发生任何锈蚀现象。

【学生总结】在实验二和实验三中，铁钉分别与水和空气接触，但没有出现锈蚀的现象。相反，在实验一中，铁钉同时接触水和空气时，发生了锈蚀。因此，我们可以得出结论，铁发生锈蚀的条件是必须同时与空气和水接触。

【教师活动】老师鼓励学生思考：既然了解了铁生锈的条件，那么应该采取什么措施来防止铁生锈呢？

【学生活动】学生根据铁生锈的条件探讨了防止铁制品锈蚀的思路。他们提出了要破坏铁生锈的条件，从而阻止铁制品产生锈蚀。通过讨论，他们确定了以下几种方法：①保障铁制品表面的干燥与清洁；②在表面喷涂保护膜，如油漆或镀层；③将金属制成耐腐蚀的合金；④避免铁制品接触酸性物质等。这些方法有助于消除产生锈蚀的基础，从而延长铁制品的使用寿命。

【提出问题】金属资源保护的必要性是什么？

【资料展示】老师可给出各种金属矿物的可开采时间限制。

【学生活动】学生理解资料表明，金属资源不是取之不尽、用之不竭的，因此需要保护金属资源。

【提出问题】如何保护金属资源？有效措施是什么？

【学生活动】根据课堂知识和生活经验，学生总结了以下四点：①采取防腐措施以避免金属腐蚀；②回收和再利用废弃金属；③进行合理的金属矿物开采计划；④持续寻找金属资源的替代品。

四、板书设计

金属资源的利用和保护

（1）金属的存在

（2）冶炼钢铁

原料：铁矿石、石灰石、焦炭

设备：高炉

原理：

$$C + O_2 \xrightarrow{点燃} CO_2$$

$$CO_2 + C \xrightarrow{高温} 2CO$$

$$Fe_2O_3 + 3CO \xrightarrow{高温} 2Fe + 3CO_2$$

（3）金属的保护

铁生锈的条件：①水；②氧气常见的防锈方法

保护金属资源的途径

五、教学反思

可取之处：本节课程重点讨论了金属资源的利用和保护，通过多角度的阐述，让学生更全面地了解了相关知识。教学过程以学生自主探究为主，教师辅助引导，培养了学生的自主学习能力。

不足之处：有些探究环节时间安排过长，导致教学内容在规定时间内难以完成。为避免这种情况，教师在备课时应充分考虑教学内容的深度，适当深化教学内容。这样可以确保在规定时间内顺利完成教学任务。

六、课堂练习

（1）下列各种说法当中，正确的是（　　）。

①金属镁在空气中比铝更容易燃烧，这说明镁的活动性比铝要强；②金属铁比金属铝要更加容易生锈，这说明铁的活动性要比铝强；③和同种盐酸反应时，锌片比铁片的反应要更加剧烈，这说明锌的活动性比铁要强；④金属锌不能和碳酸铜发生反应，这说明铜的活动性要比锌强。

A.②④　　　　B.①②　　　　C.③④　　　　D.①③

（2）金属防锈措施可节约资源、美化环境。对于下列钢铁制品，经不同处理后，哪种防锈效果最差（　　）。

A.涂上防锈漆之后的"辽宁舰"

B.经常在表面涂油的大型钢制品机械

C.经过"烤蓝"，在表面形成了致密氧化膜的钢制枪管

D.擦洗干净之后长期存放在室外的大型铁制农机具

（3）每年因金属锈蚀而损失的金属数量相当惊人，因此防止金属生锈已成为科研中的重要课题。下面的选项中，只有一个说法不正确（　　）。

A.同样的一种铁制品，放在海南要比放在兰州更加容易生锈

B.铁制品发生锈蚀的实质，就是铁和空气中的水蒸气、氧气等发生了化学反应

C.铝的抗锈蚀能力比铁要强，所以在生活中可以用钢丝球清洗铝锅

D.在铁制品的表面涂一层油漆可以防止铁发生锈蚀

（4）为了提高炼铁生产的效率和质量，所选用的铁矿石需具备高铁含量，同时尽可能减少有害元素的量。当前的铁矿石有：黄铁矿（FeS_2）、赤铁矿（Fe_2O_3）、菱铁矿（$FeCO_3$）、磁铁矿（Fe_3O_4）等，你认为不适合进行炼铁的矿石是（　　）。

A.菱铁矿　　　B.黄铁矿　　　C.赤铁矿　　　D.磁铁矿

（5）位于中国的铜陵因为其丰富的铜资源而被誉为"铜都"，这里出产的"四喜娃娃"是一种著名的铜工艺艺术品。小明找到了两种不同材料制成的四喜娃娃，分别是纯铜和青铜（合金），以及用于实验的纯铜片和青铜片。

①怎样用化学方法区分这两种四喜娃娃？区分纯铜和青铜的实验方法是_____。

②四喜娃娃出现锈蚀，经查阅资料，得知长时间暴露在空气中的铜会和氧气等物质发生化学反应，生成铜绿[$Cu_2(OH)_2CO_3$]。请你根据铜绿的组成推断，铜变成铜绿时，空气中的 O_2、____、____参加了反应（填写化学式）。

③小明从不同地点收集到两个四喜娃娃，发现青铜娃娃身上的锈斑比纯铜的多。因此，他得出结论：青铜比纯铜更容易生锈。但是，这种推理是否科学呢？请说明理由。

④青铜中可能含有较多的杂质，尤其是铁。因此，在铜绿色表面上可能出现呈斑驳、褐色的氧化铁。现在有一些这种褐色锈斑的粉末，请设计实验来证明其中含有铁元素。

（6）李同学将铁钉浸泡在装有食盐水的试管中，观察一段时间后发现试管底部出现了黑色粉末。他对这个黑色粉末的成分有以下几种猜测：①Fe；②Fe_2O_3；③Fe_3O_4；④$FeCl_3$；⑤数种物质的混合物。请回答以下问题。

①上述李同学的猜测中，你认为不做实验就可排除的是：____和____（填序号），原因是：_____。黑色粉末还有可能是____，原因是：_____。

②请设计一个验证黑色粉末是否为 Fe 粉的化学实验方案：_____。

③李同学将黑色粉末干燥后，利用磁铁进行测试，发现粉末具有磁性，据此推断该粉末是 Fe 粉。然而，我们不能完全相信这一结论。尽管铁是一种具有磁性的金属，但其他物质也可能具有磁性。请列举其他有磁性的物质：_____。

（7）冬季某天，某班级教室的暖气片和暖气管接口处发生了爆裂，喷出大量黄色液体和一些红褐色固体。修理工、教师和同学们紧急进行了抢修，而其中一名好奇的同学则收集了红褐色固体进行了研究。

【初步分析】该同学猜测铁锈是红褐色固体的主要成分，铁锈的成分复杂，主要成分是_____。由于铁会跟空气发生锈蚀反应，所以实际上铁锈是铁和_____等物质相互作用，发生一系列化学反应，使铁转化为铁的化合物的过程。

【收集资料】①铁的氧化物+水可由氢氧化铁（红褐色）加热得（反应前后元素化合价不变）；②暖气片的主要制造材料是生铁；③当地暖气用水硬度较大；④铁与铜都是金属的一个分支，因此有部分化学性质较为相似，如铜在潮湿的空气中可以形成铜绿，化学式为[$Cu_2(OH)_2CO_3$]。

【提出猜想】请根据上述任意一条资料分析，红褐色物质中还可能含有的物质是_____。

【设计实验】设计一个能够验证猜想的实验（红褐色固体已经干燥并且研成了粉末），填写表7-14。

表7-14　实验设计

实验过程	预期的实验现象

（8）中国是世界钢铁大国之一，拥有丰富的铁矿石资源。仅2000年，我国钢铁总产量就达到了1.285亿吨。现在，假设一家钢铁厂每天需要生产2240吨含3%杂质的生铁，那么这家工厂每天需要多少吨含80% Fe_2O_3 的赤铁矿呢？

第七节　"化学实验与气体压强"教学设计

一、教学过程设计与分析

（一）创设情境，激发复习兴趣

老师演示了"氧气体积分数的测量"的实验设备，并提问：过去有哪些实验使用了这个装置？

教师：在投影仪上展示了一组实验设备图。现在，请同学们回忆书本中的知识，写下以下实验装置中所涉及的实验名称、实验现象和操作注意事项等方面的内容。

图 7-2 检查装置的气密性　　图 7-3 测定空气中氧气的含量

图 7-4 实验室制取氧气　　图 7-5 二氧化碳溶于水

学生：先独立完成，后小组讨论。

教师：请各小组推荐代表全班交流。

老师会在 PPT 中展示与气体压强相关的现象，涵盖每张图片。

教学评析：这种教学方法可以被称为"问题情境教学法"，它可以帮助学生将课程内容转化为实际应用场景，从而更好地理解和记忆知识点。通过列举实验和设置问题情境，教师可以激发学生的兴趣，使他们更加主动地学习，并且将课堂上的理论知识与实践相结合。

（二）整理归纳，建构知识网络

教师：有四个实验产生了上述现象，导致气体压强的变化。学生需要通过分析温度和气体数量的变化来找到原因。

学生：在实验中，我们观察到了几种现象。首先，在图 7-2 中，当温度升高时，压强也随之增加，从而导致气泡产生。当手移开时，压强减小，温度下降，水被倒吸，形成导管口的液柱。根据图 7-3 可知，红磷燃烧时消耗氧气，从而导致气体数量减少，进而使压强减小。在图 7-4 中，随着温度的下降，压强也随之减小。在实验开始后，集气瓶中的导管口出现气泡的原因是气体数量增多，从而导致压强变大，这可以从图 7-2 中看出。最后，在图 7-5 中，我们观察到随着气体的消耗,气体数量减少,从而导致压强减小。

整理归纳:气体压强升高是因为温度的升高,导致气体增多;而气体压强降低则是因为随着温度的下降,气体消耗减少,且无新气体产生。

教师:请同学们认真思考,如何从微观角度解释装置内气压变化的原因。

学生:分子的运动速率、分子间距离的改变以及分子数目的增减是气压变化的主要原因。当分子运动速率增快时,分子间距离会增大,分子数目也会增加,从而导致气压增大。反之,当分子的运动速率减慢时,分子间距离会变小,分子数目也会减少,最终导致气压降低。

教师:请同学们举出初中化学中导致气压变化的实际例子,写出相应反应的化学方程式,然后总结造成气压变化的原因。

学生:气压变大的原因通常可以归结为以下两点:①当温度升高时,会有一些化学反应产生气体,导致气压升高;如氢氧化钠固体溶于水、浓硫酸溶于水、氧化钙与水反应等;②实验室制取气体的反应会导致气压升高,例如活泼金属与酸反应生成氢气,碳酸钙、碳酸氢钠等物质与酸反应生成二氧化碳气体。气压的降低原因可以分为两种:一种是温度降低导致气体溶解于水中而吸热,例如硝酸铵溶解于水时;另一种是气体反应导致气体消耗或增加,从而改变了气体分子的数量和压强,例如氢氧化钠溶液与二氧化碳反应形成碳酸氢钠,以及消耗氧气的反应,如氢氧化钠与二氧化硫的反应。学生需要掌握相关反应的化学方程式。

教学评析:我们可以从不同实验中发现气体压强变化的共同点,这可以成为复习初中压强改变的化学反应或事例的切入点。通过这个过程,我们可以引导学生重建知识网络,让他们学会透过现象看本质,通过分析和总结得出结论。接下来,我们可以要求学生从微观角度分析导致装置中气压变化的原因。这样可以让他们学会用微观知识解释宏观现象,并培养宏微结合的思维方式。这种思维方式对于学生理解和应用化学知识非常重要。

(三)拓展延伸,提升科学素养

1.片段一:使用气压变化控制反应的开始和结束

教师:展示图7-6所示的实验装置,即实验室中最简单的固液实验装置,无须加热。随后展示图 7-7、图 7-8、图 7-9 所示的不同装置，并与图 7-6 对比，考虑它们各自的优点。

图 7-6　实验装置 1　　　　图 7-7　实验装置 2

图 7-8　实验装置 3　　　　图 7-9　实验装置 4

学生：图 7-7 中的长颈漏斗旨在方便液体的添加。而图 7-8 中的分液漏斗则能够控制液体滴加速率，以获得平稳的气流。此外，图 7-9 在夹紧弹簧夹气压增大时，可导致固液分离，停止反应；而在打开弹簧夹气压减小时，固液相接触，从而促进反应的进行。

教学评析：利用对比研究的科学方法，可以分析各个实验装置的特点。通过一组装置进行比较，可以引导学生运用方法分析解决问题，从而培养其科学素养。这个环节有助于渗透方法和理解应用。

2.片段二：利用气压变化来检测气体体积

教师：小明使用图 7-10 装置测量高锰酸钾加热分解生成的氧气体积。请问导管接口的顺序是什么？此外，量筒的作用是什么？

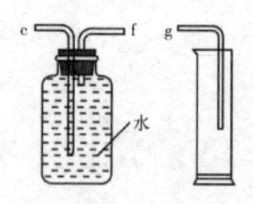

图 7-10　实验装置 5

教师：通过将集气瓶中压出的水引入量筒，可以读取气体的体积，以确定收集的气体量。

思考：①装置中留有少量空气是否会对测定结果产生影响？②是否可以使用图 7-10 中展示的装置来测定二氧化碳气体的体积？

学生：为了测量气体体积，需要让集气瓶中压出的水进入量筒，因此水面上方的空气对测量结果没有影响。但是，在使用图 7-10 中的装置时，无法准确测量生成的二氧化碳体积，因为二氧化碳会在水中溶解和反应。可以通过在水面上方加入植物油等方法进行改进，以防止二氧化碳在水中溶解和反应，从而准确地测量气体体积。

教学评析：通过设计、评价和改进实验方案，可以引导学生形成科学思维方法，并培养他们分析和解决问题的能力。这不仅有助于提高学生的科学素养，还能增强他们的科学探究能力。

3.片段三：考虑气压变化，保护实验装置

教师：同学们，图 7-11 是木炭还原氧化铜的实验装置，请问实验结束时，应注意哪些操作？

图 7-11　木炭还原氧化铜的实验装置

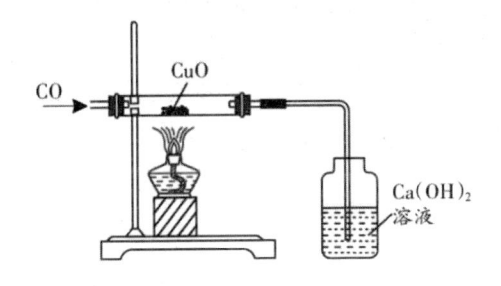

图 7-12　一氧化碳还原氧化铜的实验装置

学生：先移除导管再熄灭酒精灯，避免试管炸裂。

追问：如何通过改进装置避免空气进入试管导致灼热的铜再次被氧化，当酒精灯熄灭后？

学生：使用胶皮管和弹簧夹来代替导管中间的一段，或在装置中间添加防倒吸装置，均可实现改进。

教师：展示图 7-12，并引导同学们思考，为什么木炭还原氧化铜不用处理尾气呢？

学生：避免有害一氧化碳气体污染空气。

教学评析：在此环节中，我们将优化实验方案，以保护实验装置并改进一氧化碳还原氧化铜的实验，同时考虑环境保护的问题。我们希望通过这些改进，让学生了解和体验绿色化学的思想，并提高他们的环境保护意识。

二、教学体会

（一）培养学生绿色化学的观念

绿色化学是一种反映人们对化学科学价值观和社会观反思的观念。其核心理念是通过从源头上避免污染，而不是污染发生后进行治理，来有效防止污染。一种改进一氧化碳还原氧化铜实验方案的思路，是通过对比木炭还原氧化铜和一氧化碳还原氧化铜的实验，引导学生树立绿色化学的观念。

（二）帮助学生巩固宏微结合的思想方法

通过对气体压强变化的微观分析，可以建立宏观现象与微观相互作用和运动的联系，从而培养学生宏微结合的思维方法。

（三）锻炼学生的科学思维能力

想提高学生的科学思维能力，仅仅靠灌输是不够的，需要通过实践来内化和升华。通过评价和优化实验过程，学生的逻辑思维、辩证思维、发散思维和迁移思维等能力得到提高。除了建构知识网络，初中化学复习课堂还应注重让学生掌握科学研究方法，以全面提高他们的化学素质和能力。因此，科学素养的形成是教学的灵魂，而科学知识则是教学的载体。

第八节 胃药中的化学

一、教学设计

教学通常涵盖以下步骤：创造情境、启发思考、自主探究、协作交流和总结提高。这些步骤可以交错进行。为了促进学生对初中化学知识的复习，本课以"小怡治疗胃病"为主线索，使用问题串"链接"相关的化学知识。教学从简单到复杂，由浅入深，逐步引导学生形成知识网络，并进行深度学习。具体来说，教学设计如下：首先，研究抗酸药有效成分，然后进行该成分的检验。接着，学生需要了解含量测定的原理并设计相应的装置。在完成含量测定实验后，他们将回归到现实生活中，将所学知识应用到实际中。通过这个过程，学生可以从定性到定量、从方案设计到操作体验，全面地学习化学知识。以上教学过程参考如图 7-13 所示。这一流程将引导学生进行自主探究和协作交流，从而形成一个完整的知识体系。

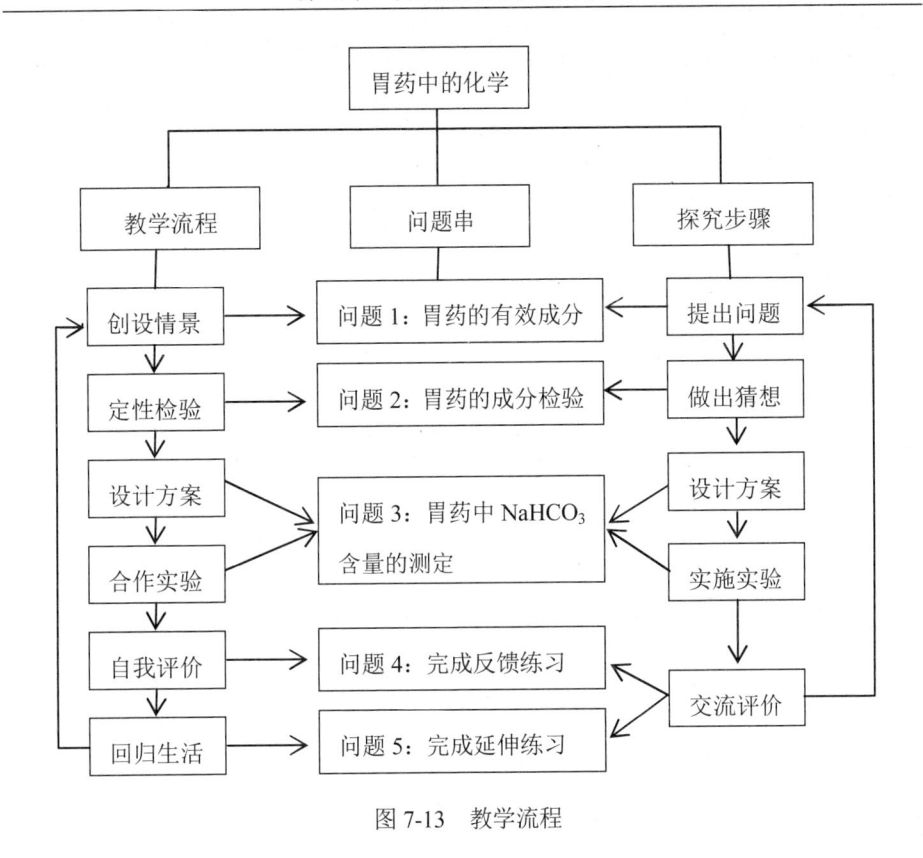

```
                    胃药中的化学
                         │
        ┌────────────────┼────────────────┐
     教学流程           问题串          探究步骤
        │                │                │
     创设情景  →  问题1：胃药的有效成分  ←  提出问题
        ↓                                    ↑
     定性检验  →  问题2：胃药的成分检验  ←  做出猜想
        ↓                                    ↓
     设计方案                             设计方案
        ↓        问题3：胃药中 NaHCO₃        ↑
     合作实验  →     含量的测定       ←  实施实验
        ↓                                    ↓
     自我评价  →  问题4：完成反馈练习  ←  交流评价
        ↓                                    
     回归生活  →  问题5：完成延伸练习
```

图 7-13 教学流程

二、教学过程

（一）创设情境，引入新课

教师：化学无处不在，就连生活中的药品也离不开化学。

播放语音：小怡同学早晨起床感到胃很不舒服，爸爸带她去医院看医生。小怡在诊断和治疗中，发现有许多问题跟化学有关系。

教师：检查发现，小怡胃不舒服的原因是因为胃酸过多引起了胃炎，医生建议他进行输液消炎，并配合口服抗酸药治疗。现在需要回答的问题是，以下哪种成分不会出现在抗酸药中？

学生：氧化钙和氢氧化钠。

老师点名要求学生列出抗酸药的主要成分及其与胃酸反应的化学方程

式。老师提到，碳酸钙和铝碳酸镁等是一些常见的抗酸药成分。询问小怡使用的抗酸药是哪种？

学生：碳酸氢钠。

设计意图：每个学生都曾经历过生病，可以通过模拟看病情境来教授化学，加深学生对化学的理解。

（二）自主定性探究

教师：小怡发现，该产品的说明书上写着，药物的主要成分是碳酸氢钠，其他辅料为淀粉、糊精、硬脂酸钠。为验证说明书的准确性，小怡希望邀请大家一起开展一项实验研究。

1.证明药片中含有淀粉（实验方案和现象）：＿＿＿＿＿＿＿＿＿＿＿＿。
2.证明药片中含有碳酸氢钠（实验方案和现象）：＿＿＿＿＿＿＿＿＿＿。

设计意图：定性研究是学习和探索中的重要组成部分，它的主要目的是了解事物的本质和特征。在学习过程中，定性研究通常包含基础性和发展性两部分。基础性内容是学生已经熟悉和掌握的知识和方法，只需要进行简单的回顾和概括。而发展性内容则为后续定量研究的铺垫和准备，为深入研究问题提供了必要的背景和理论支持。

（三）合作定量探究

1.设计实验方案

教师：药品标签显示每片药品含碳酸氢钠 0.5g，小怡负责确认这个数值是否准确。为了深入探究这个问题，一个学生小组制定了测定药片中碳酸氢钠含量的实验方案，并向全班展示了方案的细节，包括沉淀分析法和气体分析法两种方法。教师在全班交流和讨论的基础上，总结出这两种方法的常见应用情况。

教师：每个小组都收到了一个锦囊，里面包含了一些仪器选项（见图7-14）。学生们需要在讨论后选择一些仪器，并将它们组合成一台测量装置。最终，学生们将展示他们的成果。

图 7-14　实验仪器

设计意图：学生已经掌握的碳酸氢钠的相关性质，可以作为引导学生进行讨论的素材，探讨药品中碳酸氢钠含量测定的原理。接着，可以提供一些仪器供学生组合，设计一套实验装置，培养学生的独立思考、勇于质疑和批判的创新精神。通过这样的实验，学生可以深入了解实验原理和操作技能，并在实践中体会科学探究的过程和方法。

2.创新装置，完成实验

教师：除了直接测量二氧化碳的质量外，气体分析法还可以通过测量二氧化碳的体积和密度来计算质量。每个小组都配备了一套仪器，教师将演示如何使用和组装仪器，学生们应该认真观察和学习。

教师向学生展示实验仪器并演示其装配过程，随后要求学生合作完成实验并在结束后讨论以下问题。

（1）稀盐酸是否可以替代稀硫酸？

（2）为什么需要调节两边液面相平？如何实现？如果忽略这一步，会有什么影响？

（3）实验结束后试管中充满二氧化碳气体，对实验结果有什么影响？

（4）小怡在实验中为了调节液面相平倒掉了一些注射器中的水，这会对实验结果有什么影响吗？

学生小组完成实验并认真思考总结后回答上述问题。

设计意图：为了让学生能够真正体验学习过程，实验装置需要进行创新，让课堂变成"实战演练"。通过这种方式，学生可以在实验操作中掌握高阶思维技能，轻松理解难点内容。

（四）自我检测评价

为了加深学生对本节课的理解，教师提供了一组练习，要求学生回答，并由其他学生进行补充和纠正。这组练习是根据本节课的重点、目标和教学内容设计的，包含了选择题和其他类型的题目，旨在巩固课堂内容的同时也拓展和提高学生的知识水平和思维能力，以实现教、学、评的一致性。

（五）回归生活，学以致用

1.一些常见食物的近似 pH 如下所示，你认为小怡空腹时最好食用（   ）。
A.牛奶（6.3—6.6）　　　　　B.玉米粥（6.8—8.0）
C.番茄汁（4.0—4.4）　　　　D.面条（6.0—7.0）

2.患者出现胃溃疡时，医生建议患者不要随意服用碳酸氢钠片等碳酸盐类抗酸药，这是为什么呢？

3.考虑到碳酸氢钠易受热分解且在潮湿空气中会缓慢分解，你认为碳酸氢钠片应该如何储存？

三、教学感悟

（一）生活情境是科学探究的基础

为贯彻新课程改革的理念，化学教学需与生活相结合。以生活化教学为途径，培养学生核心素养，是化学教育的重要价值所在。化学教学的出发点是"化学源于生活"，教学内容应该贴近学生的生活经验，让化学教育成为有源之水。而化学教学的落脚点是"化学高于生活"，因为科学知识来源于生活中的物质，但经过提炼、浓缩与发展而形成。本节课以"小怡治疗胃病"为情境，综合了酸碱盐的性质、物质检验、物质含量测定原理、实验基本操作和综合探究题的解法等知识。这种熟悉情境不仅有助于探究难度的降低，而且能够激发学生的问题解决兴趣和热情。

（二）动手实验是科学探究的主要方式

作为实验为基础的学科，化学教学应该以实验探究为基本形式，重点关注合作、体验和自主发展，以养成学生的科学探究素养为目标。本节课通过创新设计量气装置，使学生进行真实探究，并让他们亲身体验实验过程，培养实践能力和化学课堂应有的气息。学生反馈表明，这种全新的学习方式和学习化学的乐趣让他们受益匪浅。在课上，他们一起做实验，增强了团队合作和知识应用能力。这次经历告诉学生，学习化学需要通过实验来探究发现，挖掘更深层的含义。因此，学生的自主发展意识和实践尝试素养已经开始生成，这为以后的学习和研究奠定了坚实的基础。

（三）合作学习是科学探究的重要形式

化学学科实验探究素养需要学生具备在复杂环境中行动和选择制订合理解决方案的能力。学生还应能与同学交流实验成果和提出改进设想。为达到这些目标，学生需要团结合作、互相帮助。因此，建立一个富有"合作味"的学习小组进行合作学习是非常有效的方法。本节课注重小组成员之间的合作互助探究，六名学生建立"水平互助式学习共同体"，并完成胃药成分的探究过程。无论是对碳酸氢钠含量测量原理的分析，还是测定装置的设计与组装，实验过程中的精诚合作和激烈讨论都展现了课堂的"合作味"。

（四）教学创新是科学探究的催化剂

本节课的教学创新包括内容创新、形式创新和实验创新等多方面。其中，在引入"小怡生病治疗过程"作为教学线索时，经过反复修改稿件，最终录制了一段语音，形式新颖且效果显著；在教学中采用气体分析法测量碳酸氢钠含量时，提供一个"锦囊"让学生选择仪器并组装，既符合学生的实际知识和能力，又新颖有趣，能够很好地激发学生的兴趣。这些教学创新方法可以有效激发学生的兴趣和参与热情，引导学生深入学习和合作探究，同时也可以提高教学效果和成果。

参考文献

[1]杨兴武.初中化学科学探究教学策略[M].宁夏：宁夏人民教育出版社，2019.

[2]刘炳华.基于学科核心素养的初中化学教学设计[M].苏州：苏州大学出版社，2017.

[3]陈日红.化学教育与科学素养[M].长春：吉林人民出版社，2020.

[4]徐影.中学化学教学的智慧实践[M].长春：吉林人民出版社，2020.

[5]宋朝阳.中学化学教学探究[M].长春：吉林人民出版社，2019.

[6]江伟.中学化学实验教学疑难问题辨析[M].成都：电子科技大学出版社，2018.

[7]张灵丽.创设快乐课堂 拓展中学化学实验[M].苏州：苏州大学出版社，2016.

[8]杨梓生.中学化学教师专业发展的十二堂必修课[M].上海：上海教育出版社，2015.

[9]袁汀.化学[M].重庆：重庆大学出版社，2018.

[10]林歆宇.化学课堂的有效建构[M].长春：吉林人民出版社，2019.

[11]高晓冉.新课程下初中化学教学的思考和探究[J].教育实践与研究，2022（17）：51-52.

[12]郑文颖.浅析初中化学自主探究教学如何开展[J].中国校外教育，2020（33）：89.

[13]罗平兴.自主探究教学在初中化学教学中的运用[J].华夏教师，2018（15）：49.

[14]黄松杰.培养初中生在化学实验课堂中自主探究[J].数理化解题研究，

2021（17）：90-91.

[15]张小克.浅析初中化学自主探究实验活动的方法[J].考试周刊，2021（79）：142-144.

[16]杨俊.初中化学自主探究教学的开展策略[J].散文百家，2019（12）：262.

[17]赵琴.初中化学自主探究实验活动的方法[J].教师博览，2019（10）：42-43.